アガリ症を7日間で克服する本

本番に強い人になろう！

松本幸夫
Matsumoto Yukio

同文舘出版

はじめに

「資料もシナリオも万全。これなら成功間違いなし」と思ったプレゼンで、いざとなったらアガリのためにしどろもどろで大失敗……。そんな経験はありませんか？

あるいは、スポーツ選手や学生の方でも、実力はあるのに本番の試合や試験で結果を出せないといった悩みをおもちではありませんか？

ビジネスのみならず日常生活でもアガリは何とかして抑えたいものでしょう。

でも、安心してください。

いまでこそアガらなくなった私も、じつは子供のころ、かなりのアガリ症だったんです。その克服をした経験から得た「アガリ克服の具体的な方法」を本書でお伝えします。

もうどんな場面でも、自信をもって堂々とできますよ。それに、適度なアガリはむしろ好ましいものなんです。

もうアガリは怖くありません。あなたは7日間で自信ある人へと変身できるのですから。

２００３年７月

松本幸夫

アガリ症を7日間で克服する本◎もくじ

はじめに

1日目 アガリ克服のための基本6ヵ条 …… 13

序 アガリはよいこと! …… 14
■好かれるヒトのタイプは?
■頭のいい人ほどアガる
■アガリ=緊張感!

1 なぜ、アガるのか? …… 19
■アガリを生む5つの原因

2 「アガらない」よりも「自信をもつ」 …… 23
■アガリに意識が集中すると…
■即効薬もいいけれど…

3 理想は「ナチュラルな状態」 …… 27
■アガリ克服のヒントとは?

4 キーワードは「集中力」……30
■場所や時間も大事！
■アガリと集中力の関係
■集中力の源は？
5 「リハーサル」なしはアガる……34
■突然、指名されると……
6 「気分」が高揚しているとアガらない……36
■バスに酔う人・酔わない人

2日目 とっさのアガリを抑えてくれる「即効薬」を知る……39

序 「身体の状態」を整えるために……40
■心身一如とは？
1 「重心」をさげる動きをする……42
■重心がさがる3つの動き
2 「上虚下実」をめざす……44
■アガリに効く5つのストレッチ

3 「呼吸」をコントロールする……50
■アガリに効く5つの呼吸法
4 「炎の呼吸法」を取り入れる……55
■やる気を高める呼吸法
5 「ジンクス」をもつ……56
■〝お守り〟の上手な使い方
6 「ペップトーク」の力を借りる……58
■自分を元気づける方法
7 ときには、相手の目を見ないことも……60
■無理をしないことも大切！
8 体を安定させる「支え」を用意する……61
■とにかく身構えを整える
9 「視線」をそらす工夫をする……62
■何か一言添えると、より自然に！
10 「肯定的な言葉」を口にしてみる……64
■いい言葉を口癖に！
■つい考えすぎてしまう人は？

3日目 アガリ症の克服は「体調を整える」ことからはじまる …… 67

序 体調が悪いとアガりやすくなる …… 68
■いきなり心を変えるのは大変…
1 1ヵ月のタイムスタディをする …… 69
■あなたの体調パターンは？
2 朝型か、夜型か …… 71
■バイオリズムの計算は重要？
■あなたのタイプは？
3 体調をコントロールしていく …… 74
■体調アップのカギ
4 こんな睡眠でアガリを克服する …… 75
■いい眠りとは？
5 睡眠の質を高める …… 77
■レム睡眠とノンレム睡眠
■寝つきをよくするための3つの工夫
6 最近、変化がありましたか？ …… 81

■ストレス度チェック
7　ストレスを解消して、体調を保つ……83
■5つのちょっとユニークなストレス解消法
8　体調が悪いときの克服法……86
■ピンチから脱出する5つのヒント

4日目　「きちんとした準備」でアガリ症の8割は予防できる……91

序　準備不足がアガリを生む……92
■リハーサルの効用
1　「一人練習」からはじめる……93
■一人ならアガらない
■一人練習時のポイント
2　チェックリストをつくっておく……96
■チェックリストに何を書く?
■チェックリストの例
3　ミラートレーニングのすすめ……99
■鏡の前で何をする?

■ミラートレーニングの応用例
■アガリの居場所を減らす
4 心身のピークと本番を合わせる …… 103
■本番はいつ？
■意識的に出す5つのポイント
5 段階的なリハーサルを心がける …… 108
■リハーサルの5つのポイント
6 「クイック禅」で心を安定させる …… 115
■クイック禅の3つのポイント
7 「ミニシナリオ」を用意しておく …… 117
■あるだけでOK？
8 アガったときにすることを決めておく …… 119
■パニックを防ぐために
9 緊急避難まで視野に入れておく …… 121
■どうしようもなくなったら？

5日目 アガリを怖がらない「強い心」を養う　123

序　強い心は日常の中でつくる　124
■完全克服に向けて
1　会議で手をあげてみる　125
■マネから入る
2　道を尋ねてみる　127
■簡単なところからはじめる3つのステップ
3　ビデオ・映画から勇気をもらう　129
■あなたにとってのサクセス・ストーリーは?
4　不言実行からはじめる　131
■アガリの下地とは?
■本来の強さを引き出すには?
5　あえてマイナスな状況を受けとめてみる　133
■はじめはアガって当たり前!
■まずは日常の会話から
6　プレッシャーを味方にする　136

■いいプレッシャーとは？
■本番をラクにするために
7　メンタル・リハーサルを取り入れる……139
■メンタル・リハーサルの5つのポイント
■静から動へ
8　アガリを認めることも強さのうち……142
■アガリ克服までの道（レベル1～3）
■沢庵和尚がもつ強さとは？

6日目　「アガる状況別」の対処法を知っておく……147

序　アガリには大きく2つのケースがある……148
■基本を使い分ける
1　「スピーチ」でアガってしまう……149
■5つの原因から対策を考える
2　「試合」でアガってしまう……152
■プロボクサーに学ぶ4つのコツ
3　「会議」でアガってしまう……155

■論理的に話す3つのコツ
4 「デート」でアガってしまう …… 158
■好感を誘う3つのテクニック
5 「買い物」でアガってしまう …… 162
■あなたは悪くない！
■アガリを防ぐ質問
6 「面接」でアガってしまう …… 166
■プレッシャーを軽くする5つのテクニック
7 「試験」でアガってしまう …… 172
■ポイントは3つ

7日目 「人生の目標」をもてば、アガらない人になれる！ …… 177

序 人生の目標とアガリの関係 …… 178
■人生目標の効用
1 人生の目標って？ …… 182
■願望は目標ではない！

2 目標を鮮明にする 185
■目標設定の3つのテクニック
■2つの大切なポイント
3 モシジの原則 191
■目標を立てたら?
4 すぐにやる習慣をつける 193
■そのうち、そのうち、どこのうち?
■すぐにやる習慣づくりのための5つのヒント
5 小さな感動を重ねていく 202
■自分はやればできるんだ!
6 自信を深める 204
■自信を深めるための3つのヒント

装丁/㈲蛭間デザイン事務所
イラスト/オブチミホ
制作協力/㈲一企画

1日目

アガリ克服のための基本6カ条

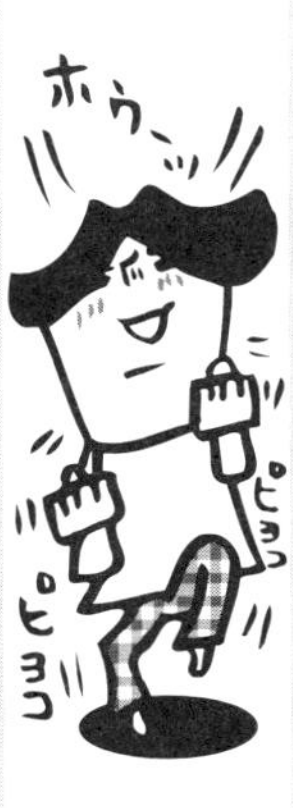

序

アガリはよいこと！

「アガるのは、よいことなんです」といったら、あなたは信じますか?

アガることがイヤで、何とか人前で堂々と話をしたり、試験のときに実力を十分に発揮したいと思ってあなたは本書を手にしたはずです。

しかし、「**もっとアガリなさい、アガるのはよいことなんですよ**」などといわれたら、とまどってしまうのは当然かもしれません。

■好かれる人のタイプは?

では、仮に、2人の営業マンがいたとします。AさんとBさんです。あなたが営業相手先の担当者だとしたら、どちらに好感をもちますか?

【営業マンのタイプ】

①Aさん……立て板に水のようにペラペラとセールストークをします。

②Bさん……とてもアガリ症で困っています。得意先にいっても、ほとんどセールストークが出てこず、頭の中がまっ白になってしまいます。

普通なら、Aさんのほうがウケがいいことでしょう。しっかりしていそうで、安心して話を聴いていられそうです。

ところが、担当者が口を開こうとしているにもかかわらず、Aさんが「いやあ部長、じつはここのところなんですが」ととどまることを知らずにしゃべりまくっているとしたら……？ 当然、担当者はあまりいい顔をしないでしょう。

Aさんは、アガることはあまりありませんが、逆にそのことが裏目に出て、あまり人の話を聞くこともしないために、営業成績もあがりません。

一方、Bさんはアガってしまっているので、あまりスムーズに言葉が出ません。しかし、**そのとつとつとした話し方が、逆に「まじめ」「一所懸命」といった印象を伝える**ことになっているとしたら、どうでしょう？

むしろ、その人柄が好かれて、担当者はBさんに対し、「君は何年目だったっけ？」「まだこれからだな」と好意的になるはずです。

つまり、**「アガることが必ずしも悪いことではない」**ということがわかっていただけたかと思います。

頭のいい人ほどアガる

とはいえ、「でも、やっぱり、スラスラとアガらずに話したい」「能力を発揮するのには、やはりアガらないほうがいいのでは」という方もいらっしゃるでしょう。

そのような方のためにも、もう少し「アガるのはよいこと」という話を続けてみましょうか。

まず、動物はアガりません。なぜなら、彼らには「先」を読むことのできる脳が、その構造上ないからです。ですから、明日の天気や、仕事のことで悩むようなことはありません。ある意味、彼らは哲学的で、「今」「ここ」に生きているわけです。

人間は、先を読むことができます。台風の進路から、1週間先の天気までもある程度見通して生きることが可能です。政治・経済から、自分の人生もそうですが、「先を読む」能力がある人は、思い通りに人生を生きていけます。

つまり、ここで何がいいたいかというと、**「先を読める頭のいい人ほどアガる」**ということです。人前や本番でのアガリ――それは、〝人間の証明〟といってもいいくらいなのです。

頭のいい人は「もしも失敗したら、笑われてしまうのではないか」とか、「もしもいい点がとれなかったら、大変だ」などと、万一失敗したあとの他人の反応や試験の結果をついつい先読みしてしまいます。それが、アガリの原因となっているわけです。

もちろん、アガリの原因は「先を読む」ことだけではありません。しかし、少なくとも、頭のいい人は、先を考えて万一のこと、失敗したことなどをイメージしてアガリます。ですから、アガリ症のあなたは、頭のいい人なのです。

どうですか、安心できましたか?

アガリ=緊張感!

では、まだ安心できないという人のために、アガリのまったく逆、「リラックスしすぎてしまうと、どうなるか?」を考えてみましょう。

試験などですと「うっかりミス」というのがよくあります。あるいは、「注意力がなくなり、思わぬ失敗」というのも、手慣れた仕事で起こりがちです。

つまり、アガリがまったくなくなってしまうと、予想外な失敗につながることがあるわけです。

たとえば、私は、年に220~250回くらいの研修会で講師をしています。もう慣れてしまっていますので、人前でアガることはまずゼロなのです。これは人数が多くても同じです。するとあまりにも慣れているために、自分でも「緊張」が欠けてしまっていると感じられるときがあります。スラスラと口から言葉も出ますし、ジョークのひとつ、ふたつもありますが、「初々しさ」というか、「何となく緊張して、一所懸命に汗を流しながらやっているな」というのではなくなります。

現実に、教えながらまったく他のことを考えるようなこともできます。しかし、それですと、先の営業マンのAさんのようになってしまわないでしょうか？

じつは時々、私は「アガリ症」の人が少々うらやましくなることがあるのです。おかしな話ですが、本当にこのごろ、「どうしたら、もう少しアガることができるか？」を真剣に考えています。つまり、ここでいうアガリは、「緊張感」のことと考えてもらってかまいません。

私は、「人間は緊張感なしに物事を行なってはいけない」と考えます。

これは、仕事や勉強のみならず、人とのコミュニケーション、男女の仲でも同様で、「慣れすぎ」はよくないのです。

その意味でも、**「どことなく〝初々しさ〟を出せるアガリはよいことなのではないか」**と思うのです。

1 なぜ、アガるのか？

私は本書によって、**まずアガリそのものをあまり恐れずに、ときには「よいことなんだ」と思えるくらいに、前向きでポジティブな考え方を身につけて欲しい**と思っています。

また、「アガらないようにしよう」「何とか克服してアガリ症を治そう」というような発想も、少し変えてもらいたいのです。

むしろ、**「堂々と生きるには」「自信をもつためにはどうしたらいいか」「信念をもつ」**というような考えに、切り換えをはかってもらいたいのです。

■アガリを生む5つの原因

そのためには、「なぜアガるのか？」について、考えてみることも役立ちます。では、アガリのメカニズムを探ってみましょう。大げさに考えずに、アガってしまう理由をいくつかあげてみましょう。いかがですか？　いくつか思い当たる節がありませんか？

原因1◆アガっていると思われたくない

じつは私も幼少のころ、強度の赤面恐怖症とアガリ症で悩んでいました。

小学校の授業中、先生の質問の答えがわかっても、あてられて発表するのが恥ずかしくて、手があげられませんでした。仮にあてられると、顔が赤くなっていくのが自分でもわかりました。そして、それがますますアガリの原因となるのでした……。

「あいつ、アガってる」といわれるのがイヤだったのです。「他人にアガっていると思われたくない」という思いは、アガリ症の人にとって、さらにアガリ度を増してしまうことになります。赤くなっていると思われたくないのです。

アガっているのにも関わらず、「アガっていると思われたくない」というのは、なんともおもしろい心理だと思いませんか？　これは、なんとか解決しておく必要があります。

原因2◆人からよく思われたいと期待する

「自分に対する関心」というのは、人間の欲求の中でもとくに強いものです。「人は、朝から晩まで自分のことしか考えていない」ともいわれるくらいです。

そして、さらに「あの人はいい人」「あの人はすごいな」などと、人からよく思われたいという心理も強くあります。アガリ症の人でも、これは同じです。

アガリ症の人にとっては、アガリは「悪く思われる」ことです。そのため、アガっている姿を見せたくないからと心が萎縮して、さらにアガリをひどくしてしまうわけです。

原因3◆視線が恐い

大人数の前でのスピーチに多く見られるものですが、多くの人に「見られている」ということによって、初心者はアガってしまいます。話し手が話すだけの一方通行的なスピーチでは、強い視線を感じるものです。この背景には、すでに紹介した「よく思われたい」とか「アガっていると思われたくない」という心理があります。

この逆、つまり聴衆の視線を集中させないことは、後述するようなアガリのとっさの防止法となってくれます。

原因4◆未知の体験

まったくはじめての場所ですと、土地勘もありませんし、知らない人ばかりだったりします。使いなれない物を使うとか、普段と異なる環境というのはアガリの「ベース」になってしまうものです。

まったくはじめてのスポーツなどをするとき、どうなるのかわからないので、なんとなくドキドキした経験はありませんか?

原因5◆先のことを考えすぎてしまう

アガる人は、「頭がいい」といいました。先のことを考えられるだけの頭のよさがあります。ところが考えすぎてしまいますと、だいたい否定的な物の見方になる傾向が私たちにはあります。年とともに、この否定思考は強まるともいわれています。

新聞やテレビのニュースでも、うれしいことよりも、大変なこと・つらいことのほうが多いものです。あるいは、どうでしょうか、親しい友人から急に連絡がこなくなったら、「何かあったんじゃあ」などと思いませんか?

私は「質問の受け方」という講義もしています。このときに、「時間があまったからといって、ムリに質問を受けるな」と教えています。なぜだか、わかりますか?

それは、何も質問がないのに、「どうですか、何かありませんか?」とやっていますと、相手は考えすぎてしまいます。すると、90%以上、イヤな質問・否定的な質問が出てきます。

つまり、考えすぎますと、人は悲観的になりがちだということです。

スピーチや試験でも考えすぎて、失敗したときのことに頭がいってしまい、「どうしよう」とあせり、それがアガリの原因となるわけです。

2 「アガらない」よりも「自信をもつ」

アガリについては、昔からいろいろいわれています。

たとえば、人前に出る前に、手の平に「人」の字を書いて飲みこめなどというのもそうです。「聴衆をカボチャと思え」式のものもあります。これらは馬鹿げた話のように思われがちですが、じつはすべてを否定できるものではなくて、そういわれるには立派な理由があります。

その理由については、このあとで説明しますが、ここで覚えておいて欲しいのは、「『アガらない』ということに意識を集中させるのは、必ずしも得策ではない」ということです。

■アガリに意識が集中すると…

では、ここで、たとえ話をひとつ紹介しましょう。

【猿の夢ばかりを見る男の話】

ある男が、猿の夢ばかり見るので、なんとかしたいと思って、禅の師のもとへたずねました。

「ということで、毎晩夢の中で猿が出てきて困っています。なんとか猿の夢を見ないですむいい方法はないでしょうか？」

「朝から晩までずっと『猿のことを考えない』と思っていればいいんだ」といわれた男は、その日から毎時間「猿のことは考えないぞ」と思い続けました。

やがて1週間が経ち、再び男がやってきました。

「先生、ダメです。今度は夢の中どころか、頭の中が猿で一杯です」

つまり、「考えないようにする」「猿の夢を見ないようにしよう」というのは、逆に猿に意識が〝過度に〟集中してしまい、むしろ逆効果になってしまうのです。いうまでもなく、猿は「アガリ」のたとえなわけです。

この場合なら、昼間十分にスポーツで汗を流すとか、外国語の勉強をはじめるとか、むしろ他のことに努力して、猿のことを自然に忘れることが道でしょう。つまり、イヤな夢を見ずに〝熟睡できる〟方法を探っていくのです。

何がいいたいのか、おわかりいただけたでしょうか？

「アガらないように」と過度に考えるのではなくて、考え方を「アガリに集中してしまわずにすむ方法」に変えるのです。

即効薬もいいけれど…

もちろん本書では、実際の「アガリ防止」の〝即効薬〟的なことも紹介しています。しかし、ポイントは「考え方」にあります。

「人前でアガらない」というよりも「人前で堂々とスピーチする」――、「試験でアガらない」というのでなくて「試験で十分に実力を発揮できる」――という表現・考え方に切り替えてしまうのです。

これは表面的な言葉だけを変えただけの小さなことではなくて、じつはあなたがアガリを克服できる〝大きな力〟となってくれるものです。

「自分はアガリ症を治す」と考えるのではなくて、「自分は自信のある強い人間になる」と考えるのです。ここはとても重要なところですので、もうひとつだけたとえ話を加えておきます。

【肩こりなどに困っている人の話】

ここではわかりやすく仮に、「アガリ」を「肩こり」と置き換えて考えてみます。

肩こりを治そうと考えますと、スプレーをしたり、はり・灸をしたり、マッサージにかかったり、磁気ネックレスをしてみたり……。それこそ大変な努力がいりますし、方法はたくさんあります。

しかし、「健康にすごす」と考え直してみたら、トレーニングをしたり、趣味で心を充実させたり、人とのつき合いを楽しんだりして、結局、肩こりがどこかへいってしまったとなることもあります。

あるいは、胃もたれ気味の人なら、薬を飲んだり、医者にかかったりして、〝治そう〟とするでしょう。しかし根本は、「そうならないための生活習慣」「食べ物」「食べ方」から改善しなくてはいけないでしょう。


つまり、即効薬でも確かに一時的にアガリはおさまりますが、〝根本的〟な改善にはならないということです。

ですから、**「落ち着いている」「堂々としている」「自信をもつ」「信念をもつ」「能力が発揮できる」……というようなアガリとは逆の概念こそ、私たちのめざすところなのです。**悩みに集中するのでなくて、〝健康そのもの〟を追求していきましょう。

3 理想は「ナチュラルな状態」

アガっていない状態は、どんなときでしょうか？

「自分はアガリ症だ」と思っている人も、一日24時間、ずっとアガりっぱなしというのではないはずです。「ある局面・ある状況だと、アガる」というのではないでしょうか。

■アガリ克服のヒントとは？

一般的には、「**慣れないことをする**」「**慣れない場所にいる**」「**知らない人ばかり**」といった状**況はとてもアガりやすいものです。**たとえば、結婚式のスピーチや入試がそうでしょう。

逆に、「慣れたことをする」「いつもと同じ慣れた場所」「知っている人が多い」となると、アガらなくなってきます。もちろん、例外はあります。たとえば、いくら慣れた場所や人が多い社内でのことであっても、昇進の面接やテストでは、アガることもあるでしょう……。

でも、**毎日顔を合わせている家族と話をするとき、私たちはアガらないはずです。**そんなとき、話すスピードは、自分のもっとも話しやすい「ナチュラルスピード」になっています。

このことから——つまり、コミュニケーション面から、アガリを考えてみますと、次のようなことがいえます。

【アガリ克服のヒント】
「親しい人の前ではアガらない」

ですから、理想としては、「親しい人のいないところでも、そのような心の状態が生み出せたなら、アガらずに自信をもって、自然にのぞめる」ということになるわけです。

■場所や時間も大事！

また、「場所」ということからアガリを考えますと、自宅の居間でアガる人はいません。

逆に、ホテルの大会場で結婚式のスピーチとなると、アガる条件が整ってくるわけです。入試のときも、はじめての会場というだけで緊張が高まって、アガる状況ができてしまうのです。

これも、**はじめての場所であったとしても、「自分のいつもいる慣れた場所」というように思える工夫をしたなら、アガリは少なくなるものです。**これも、後述しましょう。

さらには、「時間」というのも、見逃されがちですが、アガリに関係しています。

私はもうアガることはないのですが、講演会などで「やりにくいな」と思うことはあります。それは、いつも話さないような時間帯に話すときです。

これは、バイオリズムや生活パターンともかかわってくるものです。つまり、その人にあった「一番能力の発揮しやすい時間帯」というのがあるものなのです。これは、単純に「夜型・朝型」と考えてもらっても構いません。

たとえば、通常は「9〜18時前後（7〜8時間）」の研修を多く行なっていますが、ときとして「自営の方が多いので、19時半から2時間の講演をお願いします」といわれたりします。

そうなると、まず夕食をどうするか考えなくてはいけません。食べてすぐでは、話しにくいのです。昔、マイケル・ジャクソンは、公演の前には何も食べずに、夜の食事にかかるようなときでも、軽く一口つまむくらいで歌っていたといいます。

そして、いつもなら仕事の終わっている時間から2時間、力一杯話さなくてはいけません。もちろんプロというのは、話の質も、パワーもまったくさげずに行なえます。しかし、「いつもと違うのでちょっとやりにくいな」と思うのは確かです。これが、慣れない人なら、アガリにつながるでしょう。

要するに、**「いかにして、親しい人の前で、自然に接しているような状態を保つか」がアガリ克服のカギとなります。**

4 キーワードは「集中力」

アガリの状態にあるときには、集中力がありません。逆に、何かに集中して取り組んでいるときには、アガリで悩んでいる暇はないといえましょう。

■アガリと集中力の関係

ノーベル賞を夫婦でとったキュリー夫人が、読書していたときのことです。次のようなエピソードが残っています。

【読書中のキュリー夫人の話】

「夫がふざけて、夫人の周囲に少しずつ本を積んでいきました。ところが、読書に集中していた夫人はまったく気がつきません。おもしろがった夫は、夫人が隠れてしまうくらいまでに高く本を積みあげたのですが、それでも気づきません。そして、読書を終えてホッとした夫人は、周囲の本にビックリした」——というエピソードです。

あるいは、発明王エジソンにも似たような話が残っています。

【実験中のエジソンの話】
「発明に集中していたエジソンは、タマゴとまちがえて時計をゆでてしまった」——というエピソードです。

つまり、**人が集中しているときには、周りの余計なことが目に入らず、アガることとは無縁の心の状態があるわけです。**

「試験場でアガってしまった」というのは、試験そのものに集中できていないのと同じです。スピーチでアガるのも、スピーチそのものに集中していないためなのです。もちろん、「集中しないように」と思っているわけではありません。しかし、結果として集中できていないのです。

ですから、「アガリを防ぐ」と思わずとも、何かに集中して取り組めたなら、結果として、そのときには「アガっていない」ということになるのです。

いわば、アガる人は「アガリ」に集中してしまっていますから、そこから脱することを心がける必要があります。

集中力の源は？

では、先のキュリー夫人やエジソンは、なぜ集中していたのでしょうか？

それは、好きなことに取り組んでいたからです。つまり、好きなことに接していたなら、あまりアガることはないものです。

私は、格闘技の観戦が好きで、日曜日に行なわれるK－1やプライド、パンクラスなどを時間の許すかぎり観戦にいきます。研修会はあまり日曜には行なわれないために、月曜日に地方で行なわれる仕事のために前泊するようなとき以外は、スケジュールが合うのです。

そして、自分が戦っているのではありませんが、楽しく、興奮しながら観戦します。このときの心の状態は、アガリとはまったく異なるものです。

要するに、ここでは**「『好きなこと』というのも、アガリ克服には大切なことなのだ」**と覚えておきましょう。

試験前にアガることはあるのでしょうが、もしも「得意な教科・科目」であったら、おそらくアガリ度は小さいのではありませんか？

「難しい、ダメだ、できない」などとなると余計にアガってしまうものです。ですから、次のような悪循環の図式を、どこかで断ち切る必要があります。

【アガリを生む悪循環】
「スピーチでアガる　↓　嫌いになる　↓　ますますアガる」

これを次のような好循環にもっていくのです。

【アガリを克服する好循環】
「スピーチで成功する　↓　好きになる　↓　集中できて、アガらない」

詳細はあとで述べていきますが、**このような〝成功体験〟が小さなものであってもくり返されますと、それは「好きになる」のに大いに役立ってくれるものなのです。**

好きなことをしていたなら、あまりアガりません。というよりも、好きなことに集中するために、アガリとは異なる心の状態に自然になれるということです。

5 「リハーサル」なしはアガる

未知のこと、ぶっつけ本番というのはアガリの原因になります。**「予期していないとき、突然のご指名」というのは、アガリを助長してしまいます。**

■突然、指名されると…

研修会ですと、だいたいはじめにオリエンテーションがあって、講師紹介があります。ベテランの担当者ですと、いかに講師がこの研修にふさわしい人であるのか、略歴も事前に目を通して、念入りに時間をかけてくれます。この間に、呼吸を整え、気分を盛り立てて登場となるわけです。

ところが、ときに慣れない担当の方ですと、「今日の講師は松本幸夫先生です、ハイどうぞ」という感じで、それこそ「突然のご指名で……」というような、結婚式のスピーチに近いことになりかねません。アガリはしませんが、「えっ、もう、はじまり?」とあわてることは確かです。

あるいは、多人数ですと、通常なら配布物や会場の設営をしてくれる助手の先生がつきます。ところが、スケジュール上、50名近い人数であるのに、助手なしで行なったことがあります。しかも、研修先の担当者は外部講師を招いての研修会をするのははじめてという状態です。私が会場に入る直前まで人事の方が細かな話をして、オリエンテーションが30分くらいでしょうか。そして、会場に入ったとたんに、「それでは今日の先生にお願いしましょう、どうぞ」という感じです。

よく見ると、スクリーンも準備できていませんし、事前に配布しておくべき資料の入ったダンボール箱もそのままです。また、私は研修中に指名質問を多くしますが、机上の名札もまったくありませんし、とてもスタートできる状態ではありませんでした。

仕方がありませんので、「5分だけ休憩してはじめましょう」といったものの、そのあとの5分では十分に準備できず、次の休憩は配布物の準備やOHPフィルムの整理で、かなりハードで時間におされた研修になってしまいました……。

アガリ症の人なら、「どうぞ」といわれたところで、パニックになってしまうでしょう。

つまり、**十分な下準備や、ぶっつけ本番にならないようなリハーサルは、よい仕事をするためにはもちろんのこと、アガらないための基本でもあるのです。**

6 「気分」が高揚しているとアガらない

落ちこんでいたり、気分が乗らないときにも、アガることがあります。逆に、気分がのっていて、高揚しているとあまりアガらないものです。

■バスに酔う人・酔わない人

これは、小学校時代のバス旅行のようなものともいえます。

【小学校時代のバス旅行】

バス旅行が楽しみで、友人と楽しみながらですと、あまり酔うことは少ないでしょう。ところが、「自分は酔う」と思いこんでしまっていますと、しばらくすると「酔い」に集中して、気分が悪くなってきます。

気分が楽しくて高揚している心の状態は、アガリとはまったく違うのがおわかりでしょう。

「明日は友人たちと楽しい旅行だ、いいな、ワクワクする」という気分——つまり、気分がのった状態にするように心がけたいものです。

「バスに酔う」というのを、アガリに置き換えて考えてみてください。

「いきたくない」「つまらない」「どうせ乗り物酔いするし」などと思っていたのでは、自分から「バスに酔いたい」といっているのと同じでしょう。

そうではなくて、「友人と話すのが楽しみ」「旅行の目的地はいいところだろうなあ」「旅行はいい」「旅行はすばらしい」ということを思うことです。

この旅行を、試験なり、スピーチなりに置き換えてみましょう。

もしかしたら、あなたは〝車酔い〟を考えてしまうタイプではありませんでしたか？

2日目

とっさのアガリを抑えてくれる「即効薬」を知る

序

「身体の状態」を整えるために

「アガる」というのは、一説では体の重心があがってしまうことだといわれます。

■心身一如とは？

落ち着いて心が安定している状態においては、重心がさがっています。下腹に力がこもった、「丹田」（たんでん／左下図参照）に重心が集中した状態です。

ところが、「アガる」ときにはこの重心が上半身にいってしまって、肩や首に極端に力が入ってしまうわけです。

そこで、応急処置としては、この重心をさげることを行ないます。身体的なレベルで重心をさげることによって、心も安定してくるものです。

〝心身一如〟（しんしんいちにょ）と昔からいわれていて、心と身体は別々に切りはなして考えるものではありません。

たとえば、「緊張して顔が赤くなる」「アガリで体が震える」とか、「梅干しをイメージすると唾液がわいてくる」というのも、「心」と「身体」とが別々に機能していないことの例です。

つまり、「アガっている」ときの身体的な状態を、普通のレベルに近づけるようにします。「重心をさげる」のも、そのひとつです。

すると、心のほうも平常の状態へと変わっていくのです。

●「身体の状態」でアガリを知る

アガっている状態
重心が上半身に…
グラグラしている…
アガっていない状態
重心が「丹田」に集中!
丹田
下腹に力がこもっている!

1 「重心」をさげる動きをする

では、まず**「重心をさげる」ための具体的な方法**には、どんなものが考えられますでしょうか？

■重心がさがる3つの動き

簡単なところですと、次のような3つの動きがあります。

動き1◆ジャンプ

まず、「その場で5、6回軽くジャンプする」ことが有効です。

私自身もアガリ症だったころ、このジャンプはよく行なった記憶があります。

何もせずに耐えるよりも、単純なようですが、その場でジャンプすることを行なってみましょう。

動き2◆四股《しこ》

相撲や剣道のような武道にも、アガリを防ぐためのヒントが隠されています。
まず、相撲では「仕切り」の時間があって、いきなり力士が戦うのではありません。少しずつ集中力を高めていくときにどうするかというと、「四股」を踏みます。つまり、片足を高くあげて力強く降ろす――これを交互にくり返します。

動き3◆蹲踞《そんきょ》

剣道で行なうのが、蹲踞の姿勢です。これは、試合前に、竹刀を構えたまま、背筋はまっすぐにして、しゃがむ姿勢のことです。この腰を落とす動きをくり返していく中で、重心をさげていって、集中力を高めていきます。

もっとも簡単なのは、ジャンプですが、相撲のように四股を踏んだり、剣道でやるような蹲踞の姿勢をくり返していくことで、ジャンプをするのと同様に重心はさがってくるものです。
ただ、ジャンプ以外の場合、周囲に人のいないところのほうが行ないやすいという制限はあるでしょう。

2 「上虚下実」をめざす

「身体のバランス」「力の配分」を考えると、リラックスして落ち着いて、心が安定しているときには、上半身の余分な力が抜けているものです。

たとえば、物事に慣れないうちは緊張して体に余分な力が入ってしまうものです。よく、上手な人がアドバイスとして、「もっと肩の力を抜いて」などといいます。

■アガリに効く5つのストレッチ

このように、首・肩・みぞおち・背中などに余分な力の入っていない、アガリとはまったく逆の状態を「虚」といいます。**理想は「上虚」（上半身の余分な力の抜けた状態）です。**

この上虚というのは、力を意識して抜いたダラリとしたのとは異なります。

これは、これから能力を発揮していかなければいけない、スポーツ選手の試合前と似ているといえるでしょう。完全に力を抜いてしまったのでは、走ったり跳んだりすることができなくなりますが、首や肩に力が入りすぎてしまっていても、思うように成績が出せないものです。

上虚の状態に保つことができたら、アガリとはあまり縁のない、いつでも実力を発揮できる「身体」となれます。先述したように、心身一如で心と身体は密接に通じているものですから、身体が整ったなら、心も整って、アガリも解消されていくものなのです。

ただし、「肩の力を抜いて」と口でいわれて、頭ではそのつもりでも、考えただけでは力が抜けないものです。上虚を保つためのいくつかのヒントを紹介しましょう。目的は、身体を整えて、心を安定させていくことにあります。

まずは、簡単にできるストレッチ風なことを試してみてください。これらはヨガの動きを参考にしています（私は、20代にヨガのインストラクターを行なっていた時期があります）。これら（47〜49ページの図を要参照）を毎日くり返して行なっていますと、上虚の状態が自然に身についてきます。そして、かなり余分な力の抜けたことが実感できるでしょう。**この状態ですと逆に、アガりたくてもなかなかアガれない感じになります。**

【上虚を保つ動き】

①肩の上げ下げ……即効性もありますから、たとえば試験前にアガリそうだとか、人前のスピーチでアガったかなというときに、2、3回くり返してみてください。

②肩回し……肩こりが軽くなるような、副次的なこともありますから、勉強やデスクワー

クの合間に行なうのもおすすめです。椅子に座ったままできます。

③首の前後左右・ひねり・回転……さらに余分な力を抜くという目的で行なうとよいでしょう。あまり体を動かさない首の動きです。

④腕の上げ下げ……2、3回くり返しますと、腕や肩・首の周辺など力が抜けるのがわかります。首や腕がこったときに、気分転換に行なってもいいでしょう。

⑤上体のねじり……上半身の緊張を解くのに大きな力になってくれるのがわかっています。しかも、立ったままでも、座っていてもできます。

そして、**これらの動きには、必ず呼吸と意識を合わせて行なってください。**次のような原則に当てはめて行なうのです。

【ストレッチ時の呼吸の原則】

①吸う……体を緊張させるとき（もちあげるとか、握る、縮めるようなとき）。

②吐く……伸ばしたり、緩めたり、おろすようなとき。

アガリの克服のための「呼吸法」については、次項で詳しくご紹介します。

●アガリに効くストレッチ(1)

※即効性もありますから、たとえば試験前にアガリそうだとか、人前のスピーチでアガったかなというときに、2、3回くり返してみてください。また、毎日くり返して行なっていますと、上虚の状態が自然に身についてきます。これは、他のストレッチでも同様です。

※肩こりも軽くなるような、副次的なこともありますから、勉強疲れ、デスクワークの合間に行なうのもおすすめです。椅子に座ったままできます。

●アガリに効くストレッチ(2)

※この前後、左右、ねじり、回転で１セットです。すべてゆっくりと、心をこめて、今どこが伸びているのか、どこに刺激がきているのかを感じとるつもりで行ないます。これらが終わりますと、かなり余分な力の抜けたことが実感できるでしょう。

●アガリに効くストレッチ(3)

※2、3回くり返しますと、腕や肩・首の周辺など力が抜けるのがわかります。

※これは座った状態でもできます。普段あまり行なわない「ねじる」動きを意識的にすることで、上半身の余分な力が抜け、「上虚」となっていき、アガリを防ぐのに役立ちます。

3 「呼吸」をコントロールする

私たちが驚いたとき、どのような呼吸になるでしょうか？

たとえば、道を歩いていて、何かが道端から飛び出してきたとしましょう。多くの人は、ハッと息を飲む――つまり、短く急に息を吸いこみます。これは「吸う息が中心の呼吸」です。

同じように、アガってしまって落ち着きのないときには、セカセカとせわしなく、浅く短い呼吸をくり返しているものです。

逆に、**温泉に入ってゆっくりとくつろいでいるときには、「アー、いい気分だ」と、これは「吐く息が中心の呼吸」に切り換わっています。**

■アガリに効く5つの呼吸法

ここで私がいいたいのは、先の「心身一如」と同じように「息心一如」とでもいえるような、**「心の状態と呼吸が一致する」**ということなのです。

つまり、アガっているときには、アガる呼吸をしています。リラックスしているときには、リラックスした呼吸になっています。

このとき、心が先なのか、呼吸が先なのかは、わかりません。しかし、少なくともアガることを防ぎ、**即効的に対処したいのなら、まずアガらない、落ち着いてリラックスした呼吸をすることが大切なのです。**

そして、それを可能にする呼吸法として、大きく分けて2種類があります。ひとつ目は、日常的に行ない、アガリにくい体質をつくるための呼吸法（52ページの図を要参照）です。

【日常的なトレーニングで、アガリにくい体質をつくる呼吸法】

①**腹式呼吸**……上虚下実の「下実」に役立ちます。お腹の血行をよくして、重心をさげてくれるのです。くり返して日頃から行なうことによって、上虚下実が身につきます。

②**数息観**……数息観とは、「自分の呼吸を数える」ことを意味します。この呼吸法の徹底によって、何事にも集中して取り組めるようになり、結果としてアガることを少なくできます。

もうひとつは、「アガってしまった」という、とっさのときに役立つ呼吸法です。

先述したように、「アガる」というのは、ある意味「アガること」に集中してしまっていま

●アガリに効く呼吸法(1)

※意識のもっていき方としては、吸う息ではなくて、吐く息に集中させます。深く長く吐くと、あとは自然にしていると息が入ってきますので、それ合わせてゆっくりとお腹をふくらませていくのです。はじめは5〜6回から行なって、慣れたら2〜3分と落ち着いた場所で行ないましょう。

※数を口に出しながらでは呼吸ができませんので、頭の中で数えるようにします。一から十までをくり返し行ないましょう。本当にはじめたてのときには、十まで数えおわらないうちに、他のことを考えてしまうものです。慣れてきたら、「じゅうい」「ちー」、「じゅうぅー」「にー」と、二十くらいまで増やしていきます。

●アガリに効く呼吸法(2)

※時間のあるときには、アガリそうな直前に念入りに行ないます。呼吸に意識を集めますと、その時点でアガリから少し気がそれるものです。時間のないとっさの場合でも、割合に目立たないアクションですから、息を吐きながら合わせて指を引くようにしましょう。

※手の平というのは身近で、手軽にどこでも、「アガったな」と感じたときにすぐに行なえるメリットがあります。２〜３回くり返すと、集中して、落ち着いてくるのがわかります。また、手の平や足の裏というのはツボ・経絡（けいらく）の集中している部位でもあり、これを続けることは長期的な健康面でのプラスもあるのです。

※吸う息に力が入るとますます緊張してしまいますので、原則的には吐く息に意識を集めます。吐く息というのは、副交感神経への刺激となり、基本的にはリラックス効果があると思ってください。人がいてあまり長くできないときでも、目を閉じずにほんの数秒、しっかりと手を合わせるだけでも、思った以上に落ち着きます。

す。そこで、**他に集中することにより、とっさにアガリを弱めることができます。**これには、小さな動作・アクションが有効です。

ここでは、それに呼吸がつくと思ってください。

たとえば、「手の平に〝人〟という字を書いて飲み込む」ということが昔からいわれます。これは、手の平に人という字を書くという作業に集中することによって、一瞬ですが「私はアガっている」ということを忘れさせてくれます。そして、本来行なうべきアクションに集中するわけです。

ですからこれは必ずしも、人前でスピーチなどをする前に行なうだけのものではありません。「アガった」と感じたときにも、即効的に使えます。

次のような小さなアクションにプラスして、呼吸をつける3つの方法（53ページの図を要参照）です。

【アガったときに、即効的に行なう呼吸法】

①息を吐きながら、指を強く引く。
②手の平の中央を指圧しながら、息を吐く。
③合掌して、深く呼吸する。

4 「炎の呼吸法」を取り入れる

グレイシー柔術をあやつり、400戦無敗という記録をもつヒクソン・グレイシーが試合前に行なっていることのひとつに、「ブレス・オブ・ファイアー」と呼ばれる呼吸法があります。

「アガリを治す」というとどこか消極的なニュアンスもありますが、**ヤル気を高め、前向きな心構えになる、「闘い」に備えるようなことも行なってみてはいかがでしょうか。**

■やる気を高める呼吸法

これは日常的に行なってもよいですし、とっさの「荒療法」として行なってもよいでしょう。

吸う息・吐く息ともに1秒くらい、短く強く行ないます。あたかも〝フイゴ〟のように激しく連続して行ないます。最初のうちは、ものの10回も続けたら十分でしょう。体が熱くなり、ヤル気も高まりますが、激しい呼吸だけに過度に行なわないことだけは注意してください。

「どうも乗り気がしない」とか、「何となくダルイ」とか、そんな気分を一掃してくれます。

ビジネスでも、試験でも、ここ一番のヤル気を高めるのに用いるわけです。

5 「ジンクス」をもつ

それに頼ってしまうと、逆にそれなしではアガってしまうような〝思いこみ〟になってしまいますので、過度に用いたくはないのが「ジンクス」です。
ただ、両刃の剣のように、ジンクスも上手に活用していったなら、アガリの即効薬として働いてくれます。

■〝お守り〟の上手な使い方

基本としては「これをするとアガらない」「これをもっているとアガらない」という動作や、物に頼るのがジンクスです。中には、「この言葉をとなえるとよい」というような言葉のジンクスもあります。

昔からある「お守り」や「おまじない」の類は、すべてプラスのジンクスとして、アガリ克服のための助けになってくれます。

結論からいいますと、**「アガらない」と本人が信じることができたなら、それでよいのです。**

ですから、他人が見て「おかしい」と思えるようなものであったとしても、まったく気にする必要はありません。「あなただけのジンクス」をつくるくらいでちょうどよいのです。

〝ゲンかつぎ〟といわれるようなことをする場合の「勝てる」「うまくいく」という部分を、「アガらない」と置き換えて考えてみたらよいのです。

【ジンクスの例】

①この道を通って会場にいくと、本番ではアガらない。
②運転していて、青信号が3回以上続くとアガらない。
③動物が寄ってきて、親しげにしていたらうまくいく。
④この服、持ち物を着けていると必ずうまくいく。

このように、「アガらない」ための条件のひとつとして、「物事が成功する、うまくいく」との予感があるとよいでしょう。「失敗したらどうしよう」はアガリの原因のひとつです。逆に、「必ずうまくいく」との自信があったなら、アガらないための大きな力となってくれます。

それに頼り切りになるのではなくて、自信・信念の強化につながるのであれば、お守り、もおまじないも、すべてあなたのプラスに働いてくれます。どんどん活用してください。

6 「ペップトーク」の力を借りる

湾岸戦争の前年、私はアメリカのマイアミで、営業マン教育の進め方を学ぶために研修を受けていました。参加者としてではなく、オブザーバーとして後方でメモをとって、研修の進め方を学んでいたのです。

■自分を元気づける方法

ホテルの一室を使って行なわれたそのトレーニングでは、全員のテーブルのうえに電話器が置かれていました。今ならパソコンでも置いてあるのでしょうが、最初はどうして電話を使うのかがわかりませんでした。すると、参加者は25名程度でしたが、彼らが受話器片手に、電話をはじめたのです。名簿らしきものを見ながら、全員が次々にかけています。

一見、電話セールスの実習のようでしたが、全員がかけてはすぐに切るということをくり返してばかりなのです。どうやら「アポ取り」の実習のようでした。

しかし、日本でも電話セールスで「はい、お待ちしています」「いいですね」といわれることは稀です。アメリカ人の参加者も全員「ノー」といわれていました。

すると、そのうちの何人かが、受講中にもかかわらず立ちあがり、部屋の端でブツブツいっていています。**中には、拳を握って大声を出す者もいました。**

あとでインストラクターに聞くと、「ブツブツいうのは、ペップトーク（PEP Talk）といって、自分自身を元気づける言葉を短く口にするんです」と教えてくれました。

ノーの連続で落ち込んだときに、いきなり「前向きに」と思ってみても、心構えだけを急に変えるのはとても難しいのです。そこで、**言葉から変えていこう**というわけです。ペップトークの「PEP」は、こしょう（Pepper）からきていて、言葉のスパイスというくらいの意味です。

「よし！」「がんばるぞ！」「必ずやってみせる！」などと力強い言葉を口にして、気を取り直して電話をかけまくるわけです。

このときにいう言葉は、何でも構いません。たとえば、「絶好調」「上々です」「快調です」というような、自分お気に入りのペップトークを決めるとよいでしょう。

アガリ克服のみならず、自分に元気をつけて積極的に行動していくために、ペップトークを習慣づけていきましょう。

7 ときには、相手の目を見ないことも

人前でのスピーチで、一番恐ろしいのは、「聴衆の視線」です。「大勢の人から見られている」というだけで、立派なアガリの原因となるものです。

■無理をしないことも大切！

もちろん、スピーチはコミュニケーションですから、聴衆の目をしっかり見る「アイコンタクト」が欠かせません。また、合間にジェスチュアを用いると、ダイナミックさを出せます。

ただ、震えたり、頭の中がまっ白になってしまうような人には、これが負担となってスピーチそのものを台無しにしかねません。アガリ症の人は、聴衆の目を見ないようにして、手をしっかりと前で組んだほうが、安心して話がしやすいでしょう。場合によっては、「カボチャの大群」くらいのつもりで、**とにかく「スピーチそのもの」に集中する**ほうがよいのです。

そして、場数を踏んで、アガリ度が軽くなってきてから、ジェスチュアやアイコンタクトにチャレンジしていけば、堂々と話ができるようになります。

8 体を安定させる「支え」を用意する

とくに、アガリ度の高い方だと、体そのものが安定しないことがあります。足が震えたり、体がグラグラして立っていられないという状態です。

とにかく身構えを整える

震えがとまらないような方には、**まず体を支えるような台・テーブルの類をあらかじめ準備しておく**ことをおすすめします。体が支えられて安定してくると、かなり落ち着きがでてきます。何も支えがないと、物理的にも心理的にも安定しないわけです。

まずしっかりと体を支えるような台に手をつけて、しっかり立つような体勢づくりをしましょう。**「身構え」が整うと、「気構え」も整ってくる**ものです。

現実に、あるアメリカのスピーチ教室のマニュアルには、「話し手の後ろに、アガって倒れてしまわぬようにテーブルを用意しろ」と本当に書いてあるくらいです。テーブルのサイズまで書いてあるのが、〝アメリカ的〟だなと思ったことがあります。

9 「視線」をそらす工夫をする

私がまだ講師業をはじめたてのころ、やはり大観衆の前では、緊張が高まりました。１００人を越えますと、聴衆の視線に対したときに、「こんなにたくさんの人が見ている」と、その目がやはり恐いのです。

■何か一言添えると、より自然に！

そこで、話の途中で意識して行なったことがあります。それは、板書です。

話の流れの中で、ごく自然に板書します。**これなら、「聴衆から目をそらした」とは思われません。**

何もない状態で、急に目を上に向けたり、キョロキョロしたらおかしいですが、板書するためにボードのほうへ顔や体を向けるのは、別におかしくない行動です。

このとき、大人数の目から一時的にですが逃れられて、ホッとしたことが記憶にあります。

あるいは、人は考えるとき、何かを思い出すときに、自然に斜め上方に目を向けるものです。

これも、あえて話の流れの中で、上を見るように行ないます。「エーッと、あれは確か……」と**思い出すふりをして、本当は視線をそらしているわけです。**

この他にも、ちょっとストレッチで気分転換をしてもらったり、クイズを出したり、隣同士で話をしてもらったり、ときにはマッサージで体をほぐしてもらうようなこともして、聴衆の視線を自分からそらすのです。

ちなみに、これらには「ウォーミングアップ」効果もあります。

あなたにも、何か自然な流れの中で、視線がはずれるようなことがありませんか?

たとえば、「ちょっと、5分間トイレ休憩にしましょうか」とか、「ここまでで何か質問があるか考えてください」といってもいいでしょう。

または、「では、ちょっと板書しますから、うつしてください」というように、一言かけて自然に行動するのがよいでしょう。

ポイントは、「聴衆の視線が恐い、多くの人に見られている」という気持ちが「アガリ」へと変わる状況を打破するために、自然に視線をはずす工夫をしていくことです。

10 「肯定的な言葉」を口にしてみる

アガったときに、言葉の力で心の状態を変えていくことができます。また、これは、とっさのときばかりでなく、日常的に口にしていくことで、心をしっかりとしたものにできるのです。

■いい言葉を口癖に！

口にする言葉としては、**「肯定形で断定してしまう」**のがもっとも効果的です。たとえば、次のようなセリフです。

【力になってくれるセリフ】
「私は堂々と話をしている！　能力を十分に発揮している！」
「私は、力強い人間だ！　自信がある！」

ポイントは、否定表現は入れないようにすることです。ここではとくに、「アガリ」という言葉を入れないようにします。たとえば、次のような形を心がけます。

【否定表現を入れない言い方】
○「私は堂々と、立派なスピーチをする」
×「私はアガらないでスピーチをする」

もともと、アガリ症の人は、あいまいな表現や弱い言葉を使う傾向があります。そこで、「必ず」「絶対に」「自信」「力強さ」「堂々」といった、肯定的な強調・断定表現でいいきります。

とっさのときに、「たぶんアガらないでスピーチできるでしょう」などといっていてはいけません。「必ず、堂々とできる！」と断定してしまいます。

つい考えすぎてしまう人は？

といっても、中には考えることの先行するタイプの方もいるでしょう。

「堂々とできる、といったものの大丈夫かな？」とか、「自信・力強さというけれども、今はそうではないからな」などとつい考えてしまうわけです。

そういう人にもってこいなのが、「進行形」で表現すること。たとえば、次のような表現です。

【考えすぎてしまう人向けのセリフ】
「私は、自信をもって話しつつある」
「私は信念が強まりつつある」
「理想に近づきつつある」

これですと、考えすぎる人の場合であっても〝嘘〟にはなりませんから、いったすぐそばから頭の中で否定するようなこともなくなるのです。

ただ、いきなり「否定表現を使うな」といっても、習慣になっている部分もありますから、**次の順番で少しずつレベルアップさせながら、口に出してみましょう。**

【レベル別のセリフ例】
レベル1／「私はアガらないでスピーチできるようになる」
レベル2／「私は堂々とスピーチしつつある」
レベル3／「私は堂々とスピーチしている！」

3日目

アガリ症の克服は「体調を整える」ことからはじまる

序

体調が悪いとアガりやすくなる

「アガリ症」の人たちに接してきて、共通してわかったことがあります。それは、体調がよいと比較的アガりにくいということです。体調が悪いと、アガる確率が高くなってしまいます。

■いきなり心を変えるのは大変…

アガリは「メンタル」な面も原因になりますが、体の面も考える必要があります。

従来のアガリについて説かれてきたことの中には、メンタルな面には注目していても、体調・ストレス・バイオリズムなどの身体的な面をおろそかにしているものもあるようです。

「心身一如」といいます。しかし、いきなり「心」「メンタル」の面を変えようとするのは大変努力がいります。たとえば、今まで「自分はアガリ症だ」と思っていた人が、いきなり「私はアガらずに、堂々としている」とは思いを変えられないものです。

むしろ、「今日は体も軽くて気分がいい」といえるくらいに、体調を整えることを考えてみてはいかがでしょうか。**体調は、さまざまな能力を発揮していくための土台なのですから。**

1 1ヵ月のタイムスタディをする

タイムマネジメントに、「タイムスタディ」という手法があります。

これは、「朝6時起床、7時食事、8時45分出社……夜11時就寝」というように、一日に行なったことを克明に記していくという、時間の使い方を調べる手法です。

1週間くらいくり返しますと、自分の時間の使い方のパターンがよくわかってきます。何にどのくらいの時間を費やすのかが、あらかじめわかってきますと、「空き時間」が一日のどのあたりにきて、どのように活用していったらいいのかがよくわかります。

■あなたの体調パターンは？

私が「体調」についておすすめしたいのは、**1ヵ月間くらいの長さで、体調についての「記録」をつけてみる**ということです。

私たちは特殊な職業でない方なら、だいたい通勤や通学に要する時間や、一日の時間の使い方は〝型〟があります。その中で、「体調」にも、その人なりのパターンがあるものです。**バイ**

オリズムというところまで厳密に考えなくても構いません。

目的は、あなたの「体調」にしぼりこんで、自分でノートしてみることなのです。すると、週単位で見ると半ばあたりが一番よいとか、休日前に再び体調があがってくる、というようなことがわかってきます。また、月単位では、前半の2週間はものすごくいいとか、15日すぎると下降気味になるというようなこともわかります。

自分の体調のパターンがわかりましたら、はじめのうちはその「ピーク」に、大切なスピーチや会議、アガっては困るような状況をもってくるようにしてみましょう。

おそらく今までは、そこまで考えてみなかったはずです。「アガリ症で困る」「何とかならないかなあ」くらいの意識で、先方の望まれるままにスケジュールも組んでいたかもしれません。

しかし、これからは「体調」がキーワードになります。**「体調のいいときにできるだけ、アガっては困る用件を入れる」**ことを心がけます。そのための第一歩として、まず1ヵ月というスパンで見たときに、どのあたりが自分の体調のよいときなのかを知らねばなりません。

たとえば、「◎絶好調、○好調、まあまあ、×不調」というくらいのラフなもので構いませんから、毎日、できれば1ヵ月くらいはチェックして、自分のパターンを知りましょう。

あるいは、あくまで主観的なものですが、100点満点だと今は何点くらいなのか、記しておいてもよいでしょう。

体験から申しますと、**体調のチェックは1ヵ月続けたら十分です。**それ以上3ヵ月、6ヵ月と行なってももちろん構いませんが、目的はあくまでもアガリの克服にあります。

2 朝型か、夜型か

■バイオリズムの計算は重要？

また、あまり細かくバイオリズムの計算をしたり、人によっては占いに頼るような人もありますが、そこまでやる必要もありません。

下手をしますと、「バイオリズムでは今日はピークのはずだが」と、自分の実感ではあまり好調でないのに、数字・データを過信したりします。「占いでは今週は不調だから、やめておこう」などとなっても、おかしなものでしょう。

あくまでも、**あなた自身が「自分の体の声」を聞くようなつもりで、「自分がどう感じているのか」を重要視してください。**他人には、あなたの本当の体調はわからないのですから。

ちなみに、バイオリズムは、23日周期の「身体リズム」、28日周期の「感情リズム」、33日周期の「知性リズム」からなっています。

私の知人に、四柱推命のプロがいます。この生年月日をベースにする東洋の知恵は、東洋版のバイオリズムといってもよいでしょう。

私のスタンスとしては、**これらは参考にするくらいのものとして、体調も運命もあくまでも自分で切り拓いていくもの、**というものです。「今日は要注意だから、いつもより気を抜かないようにしようか」というくらいでよいのではないかと思います。

もちろん興味ある方は、バイオリズムのソフトも出ていますし、専門の団体もありますから、勉強してもよいでしょう。また、四柱推命もバイオリズムもベースは共通したところがあり、東洋版というニュアンスで学ぶのも楽しいことです。

あなたのタイプは？

私がおすすめしたい「自分を知る」ことの二つ目は、「あなたは夜型、それとも朝型？」ということです。

先に「1ヵ月」の長さで、自分の体調をチェックしてみることをいいました。さらにここでは、**「一日」のすごし方を考えた場合に、「夜型か、朝型か」ということを確認しなおして欲しいのです。**

私は、原稿を書く仕事の場合は、「夜間」に能力が出せるようにしますし、研修会のあるときには「昼間」に力を出せるようにしています。ただ、能率ということからしますと、あるとき、朝型の生活にして早朝に原稿を書いてみましたら、思いのほかはかどりました。睡眠も、私は、人より短く熟睡してしまいますので、本来は「朝型」のタイプのようです。睡眠につきましては後述しますが、まずは自分のタイプを知りましょう。

自分の体調に合わせて、アガっては困る用件・イベントをスケジュールに組み込むことを考えたら、次は一日の中で、自分のタイプによって「午前にもってきたらいいのか」「夕方がいいのか」を決めることをおすすめしておきます。

朝型の人が、夕方・夜といった一日の後半に大切な仕事をもってきますと、午前中に比べたら「体調」はさがっています。つまり、アガりやすくなります。

逆に、夜型の人が朝一番で大切なことをしようとしても、なかなか能力も出しにくいですし、アガリ度も高まってしまうでしょう。

「体調に合わせてスケジュールを組む」のが基本だと知ってください。

3 体調をコントロールしていく

1ヵ月間の体調を書いておき、自分は朝型か夜型か確認したうえで、体調のよいときに、アガっては困るようなスケジュールを極力組みこむ――ここまではおわかりいただけましたか？

ただし、当然の疑問もあるでしょう。「そういわれても、どうしても体調のさがって不調のときにだって、しなくてはいけないこともありますから」と。

■体調アップのカギ

ときには体調そのものを、自分でコントロールして、よい方向にもっていくことを考えて実行していくことが欠かせなくなるでしょう。「アガリを克服していく」ためという目的を忘れずに、日頃から「体調アップ」をはかる必要があるわけです。

たとえば、**睡眠・食事・適度なストレスは、「体調アップ」に欠かせないことです。**次項からは、これについてちょっとした注意点を述べておきます。また、3つのそれぞれに専門書がたくさん出ていますから、さらに研究して、体調アップに努めましょう。

4 こんな睡眠でアガリを克服する

昔、睡眠学習がはやったことがあります。これは、眠っている間に耳から学習内容を取り込んで、覚えてしまうというものでした。そのまま成果は出てこないものの、「自分はこれだけ勉強するんだ」という学習意欲を高めるのには有効でした。

また、眠る直前というのはとても暗示効果が高くなります。仮に昼間ですと、「そんなバカなことはない」と否定してしまうようなことであっても、眠る直前ですと理性の力がさがってきていますから、あまり細かな判断をしにくくなります。

いい眠りとは？

鉄則として眠りにつく直前は、「自分は堂々としている」「アガリを完全に克服している」「試験には、冷静に能力を発揮することができている」というような、**プラスの暗示を自分にかけて、よいイメージで眠りましょう。**

そのうえで体調を考えて、眠りを〝深く〟していくのです。

睡眠は当然、その〝長さ〟が十分でありませんと、力が出ません。ただ、この長さというのには、人それぞれにタイプがあるのです。あたかも、夜型の人と朝型の人がいるように、短時間でいい人と、長く眠らないとダメという人もいます。

あなたは、自分の〝適当〟だと思われる睡眠時間を知っていますか？　ただ、何となく生活に追われて、あわただしく起きて会社にいくようであってはなりません。

「体調」を考えたときに、大前提は「自分自身をよく知る」ことです。

先述しましたのは、まず日・週・月といったスパンで、自分の体調のピークはどこにあるのかを〝知る〟ということでした。

ここでは、あなたの睡眠の「適性時間」を知ることを考えてください。

とりあえず1週間、就寝と起床の時刻をチェックします。そして、平均の睡眠時間を知るようにしましょう。

また、1週間だけでなく、さらに続けて「今日は体調がいいな」という日の睡眠時間も知るようにしてください。

私の場合はだいたい6～7時間の間がベストです。仕事がハードなときには、かえって緊張が適度に高まるので5～6時間の間が適性なようです。

みなさんも、自分の体調アップに役立つ、ベストな睡眠時間をつかみましょう。

5 睡眠の質を高める

人は、約1時間半の間に、レム睡眠とノンレム睡眠をくり返しています。

■レム睡眠とノンレム睡眠

レムというのは「Rapid Eye Movement」の略で、この睡眠時には、急速に眼球が閉じたまぶたの下で動くのでこう名づけられました。睡眠というのは同じ時間であっても、その「中身」「質」は異なっています。睡眠はこのレムとノンレム睡眠の組み合わせで、このバランスがよいと「良質」の睡眠となるのです。

この区切りのよいところで起きますと、「寝覚めがよい」ことになります。これが4時間とか3時間半といった2つの睡眠タイプの組み合わせの途中で起きることになると、何となくスッキリしない、ダルいということになるわけです。

とくに、寝入りばなから3時間は深く質の高い睡眠ですから、ここは死守したいところです。そのあとは、やや浅いノンレムとレムのくり返しとなります。

いずれにしても3時間、4時間半、6時間、長くても7時間半くらいのノンレムとレムのくり返しの区切りで起きるようにしましょう。6時間、上級者なら4時間半で、完全な体調を保つことができたらすばらしいことです。

寝つきをよくするための3つの工夫

睡眠がなぜ必要なのかについては諸説あるようですが、「脳」と「肉体」の充電にあるのは確かなようです。**眠っている間に私たちは十分なエネルギーが充電され、修復されていくのです。**寝がえりは自然な状態へと身体を修正する動きですし、夢は脳の活性化に通じるものでしょう。

仮に昼間ゴロゴロしていて、何もしていなかったとしましょう。「早く寝よう」と思ってもなかなか寝つけなくなり、結局明け方に眠り、会社にいくときは〝睡眠不足〟ということになりかねません。しかも、眠れないといって夜食など口にしてしまうと、ますます眠りにつけなくなります。結果として体調はよくないので、アガリやすくなってしまいます。

それでは、良質の睡眠をとるためのヒントをいくつかあげておきますので、「短時間で熟睡」して、体調をアップさせ、アガリを克服してください。**このような小さな積み重ねが、あなたの体調をよくして、さらにはアガリ克服へと通じる道となります。**

工夫1◆少食にする

できれば、軽目の朝食にして、一日2食くらいにもっていきますと、睡眠時間そのものが少なくなります。

身体の充電のうち、内蔵の休息を考えますと、3食お腹一杯につめこみますと、睡眠そのものは長くなってしまいます。腹一杯食べますと、一食あたり約3時間で、9時間くらいは眠りませんと十分な「休息感」「睡眠感」は得られないもののようです。

工夫2◆よく動く

次に、昼間のうちに十分に体を動かして、活動しておいてください。「あー疲れた」と、寝床に入ったら即、熟睡できるくらいに体を動かしておきましょう。

後述しますように「出す」というのは、私たちの健康づくりのキーワードです。声を出す、呼吸を出す、知恵を出す——。そして、体を動かして汗を出すこと。日中に徹底して行ないますと、頼まれなくても眠くなり、しかも深く質の高い眠りになります。

工夫3◆身体の歪みをとる

私たちはよく「疲れた」と口にします。しかし、本当に肉体を極限まで用いた疲れというのは、オリンピック選手くらいのものでしょう。多くの人は、「疲労感」と「本当の疲れ」を混同しがちなのです。

たとえば、右手を使っていて疲れたら、普通は休めます。歩き疲れてもやはり休むでしょう。しかし、「バランス」「歪み」ということを考えたら、〝逆に〟体を動かす――つまり、逆方向に動かすというのが「積極的な休息」になります。体の使い方が偏りますと、「疲労感」となります。

右手を用いて疲れたら、左手を動かしましょう。歩き疲れたら、横や後ろに歩いてみて、使わなかった脚の筋肉を使ってみましょう。

左右前後の体のバランスを考えて動かすことは、体の歪みを正して、疲れにくく、「体調」のよい時間を長くしてくれる大切な技術なのです。

簡単な心がけとしては、いつも右手からスーツに手を通すとか、ズボンのときは左脚からというように、体を決まった使い方をし続けていますと、長い年月の間に体は歪んでくるものです。はじめはちょっとつらいですが、いつもと逆の手、逆の足を使ってみてください。やりづらいのですが、生活の中で体の歪みを正していくと思って実行してみましょう。

6 最近、変化がありましたか?

体調ということを考えますと、「ストレス」を抜きには語れません。

■ストレス度チェック

まず、次のような「生活の中の変化」はストレス度の高い証明になります。

【ストレス度を見るポイント】

①睡眠に関する変化……寝つきが悪い、昼間眠くなる、長く寝ても寝た気がしないなど。
②食に関する変化……異常に食欲がある、食欲がない、好みが急に変わったなど。
③酒・タバコなどの本数・量の変化

もともとストレスの用語自体は、ハンス・セリエ教授がイギリスの生物学の雑誌に用いたのがはじまりといわれています。たとえば、ボールを指で押してもまた元に戻りますが、この戻るときの反応や、指で押すことも含めて「ストレス」と呼びます。

【ストレスの例】
①上司に叱られた（外からの刺激）→眠れなくなった（反応）
②仕事でミスをした（外からの刺激）→食事がのどを通らない（反応）

一般には、〝反応〟そのものよりも、「指で押す」に相当する〝外からの刺激〟をストレスと呼ぶことが多いでしょう。いずれにせよ、**多くの場合、過度のストレスが続きますと、まず〝生理的〟な変化が出ますから、先の睡眠・食事・嗜好品などの変化は要注意なのです。**

ストレスはためこみすぎますと、ガスがボイラーに充満して、限界を越えると爆発するようなことが起こります。これを「ボイラー現象」といいます。

よく、新聞の社会面で、「まさかあの人が」「あんないい人なのに、信じられません」などというコメントがあります。これも、すべてとはいいませんが、ある種の「ボイラー現象」で、不平・不満をためこみすぎて、それが一気に発散されてしまったと思ってもよいのでしょう。

とくに、いつも怒らない人、何をいってもニコニコしているような人ですと、案外ストレスがたまっていたりするものです。ですから、早目に発散する工夫をしてみましょう。

7 ストレスを解消して、体調を保つ

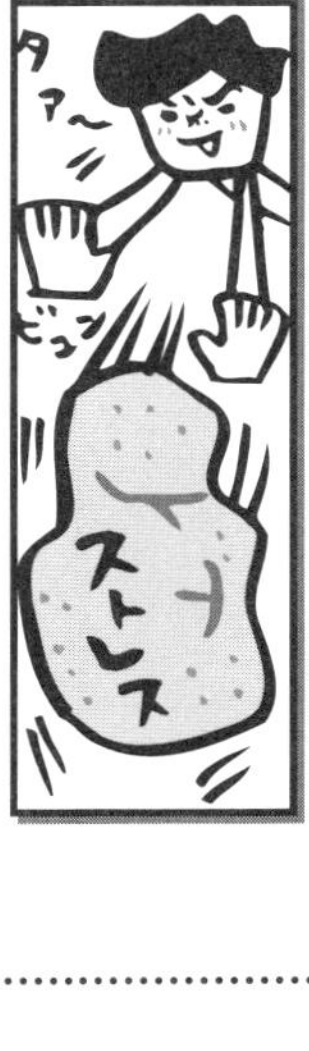

ストレスを発散する代表的な工夫として、「スポーツをする」「酒を飲む」「音楽を聴く」「本を読む」「カラオケで歌う」「旅行する」「友人や子供と遊ぶ」「衝動買い」などがあります。

■5つのちょっとユニークなストレス解消法

ここでは、それらに加えて、ちょっとユニークなものを紹介します。男女差などがありますから、自分にあてはめて参考にしてみてください。ここでの目的は、ストレス解消によって、体調がアップさせ、アガリにくくなろうということです。

解消法1◆耐えてみる

これは、「つらいな」と受けとめてしまうのではなく、「今、私には大変なストレスがかかっているが、私は負けないんだ」とあえて何もしないのです。「耐える」というのを何回かやってみますと、自分のメンタル面が強化されたような気分になってよいものです。

ときには、あえて意識的に「何もせずに耐える」こともチャレンジしてみてください。

解消法2◆瞑想する

これは、何も坐禅を組むようなことではありません。

心をしずめ、呼吸を整えて、今の自分、将来の自分をイメージしてみましょう。さらに、今までで楽しかったこと、嬉しかったことを想い出して、心に栄養を与えてみましょう。

また、とくに瞑想などと考えずに、一人でボーッとするようなことも大切です。私は年に何回か、一人で温泉地にいくことがあります。夜中に露天風呂に入って、満月と海の風にあたり、ゆっくりとしているとストレスがスーッと軽くなっていくものです。

解消法3◆おしゃべりをする

カール・ロジャースはカウンセリングの神様と呼ばれましたが、「人は話すことによって心が癒される」という言葉を残しています。「話す」「話を聴いてもらう」というだけの簡単なことであっても、話をした本人の心は軽くなっているものなのです。

井戸端会議のような感じで、テーマは何も大げさなことでなくてもいいのです。あるいは、電話での長話でもよいのです。もしかしたら、受けた人には気の毒なことかもしれませんが、「自分の話をする」「思う存分話す」ことを考えましょう。

また、同じ意味では「メール」も効果があります。「メル友」は、あなたのストレスを軽くするための手です。

解消法4◆家族にあたる

あたられたほうは大変ですが、ときには思いきって、家族にいいたいことをスッキリするまでいってしまいましょう。お皿を壁にぶっつけたり、竹刀で棒を叩くのも似たようなものです。声や汗を出して、ストレスを発散させてしまいましょう。

解消法5◆食べ歩きをする

食欲も満たされて、しかも運動にもなる「食べ歩き」はおすすめしたいことです。

私も食べ物屋をしている知人が何人かいて、本当に時間がとれますといくことがあります。だいたい東京から離れていることが多く、出張に合わせて、何年ぶりかのあいさつも兼ねていくのです。

海の幸を食したり、山で温泉につかりながら地元の珍味を味わうことで、日頃のストレスがどこかに消えてなくなってしまうことがわかります。

8 体調が悪いときの克服法

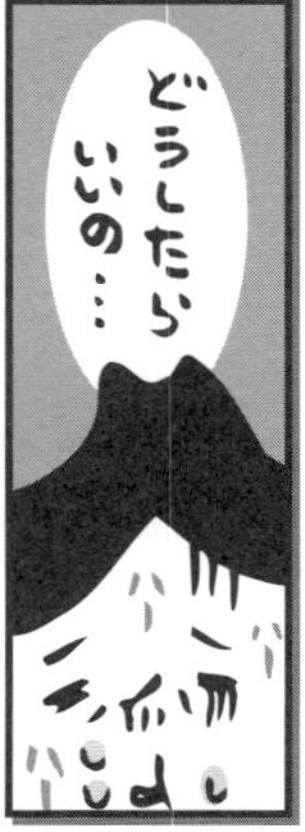

これまでは「体調」をあげるための方法について述べてきました。

ここでは、そうはいったものの、万一体調が悪い状態で〝本番〟にのぞむにはどうしたらいいかという**「ピンチからの脱出法」**について触れておきます。

■ピンチから脱出する5つのヒント

5つのヒントを、私自身の体験も入れながら説明してみましょう。

ヒント1◆いつものパターンを崩さない

「いつもと違うこと、慣れないことをする」というのは、大きなアガる要因です。これは、仮に体調を崩したときであっても同じです。何とか体力の消もうを防ごうとして、急に変更して、慣れないことをしますと、アガリの原因をつくることになります。

あくまでも、急な変更はせずに、多少の省略はあったとしても、いつものパターンは崩さないようにします。

これは、スピーチでも、スポーツであっても「本番」においてはすべてに通じることだといえましょう。

ヒント2◆70点主義でいく

私も、年に一回か二回、体調が下降したときにスピーチがあたってしまうことがあります。今年のはじめは、インフルエンザの回復時に、まだ本調子でないときに1日間のセミナーを2回続けて行なったことがあります。

このときも、私は通常のプログラムの流れは崩しませんでしたが、仮にアンケートの結果が思わしくなくても、「自分の力の70%でこの評価なら、よしとしよう」と考えるようにするのです。

本当に体調を崩していたなら、私は70点主義であまり大げさに考えないほうが、アガリ症の人はうまくいくのだと信じています。

事実、この日のアンケート結果も95点くらいの出来で、体調とはかかわりなくよい結果になりました。

ヒント3◆前半に全力を傾ける

能力を出すのなら、まず前半に力を傾けましょう。後半まで「体力を温存」というのではよくありません。

心理学で「first four minutes」といわれる最初の4分間——つまり、第一印象的なことであなたの評価はほとんど決まります。

もしもよい印象を与えられると、聴衆の反応もよいものとなりますから、アガらずにいけます。逆に、はじめに力を抜くと、評価はあまりよくなくなり、それをひっくり返すのは大変なことになり、アガりやすくなります。

相手のいない個人の試験や記録会でも、はじめの気力の充実したうちに、力を発揮して先手必勝の心構えでいきます。体調がよいときならまだしも、体調の悪いときにはあくまでも、「前半」に勝負をつけてしまいましょう。

ヒント4◆考えさせる

スピーチなどで「一人で」話していくのは結構体力を使うものです。とくにアガリ症の人は、アガリと体力の2つと勝負しなくてはならず、大変苦労してしまうのです。

そこで、時々、「このテーマで話し合ってみましょう」と可能であればディスカッションしてもらったり、「どう思いますか?」と質問して間をとることが欠かせなくなります。

ちなみにこれは、パソコンやプロジェクターの故障の際にも応用可能な技術です。

ヒント5◆日頃から体調アップのジンクスをもつ

最後に、「これをしたら大丈夫」と、体調アップのための「ジンクス」をもつことをおすすめします。むしろ、このように「他力」に頼ってしまうことで、気分が軽くなり、アガりにくい「体質」をつくります。

これはごく小さな、日頃の行動、習慣で構わないのです。ある人にとってはビタミンのサプリメントを飲むのがこれにあたるかもしれません。また、別の人にとっては、ヨガかもしれませんし、週2回のジム通いという人もいるでしょう。

「自分はこれを行なっているから、体調はいつも絶好調」といえるようなものをもちましょう。ジンクス的なものなら、もっと小さなことでもいいのです。今朝は、深呼吸したからとか、柔軟運動してきたからとか、コップ一杯の水を飲んだからといったことでもよいのです。

それはやがてよい「自己暗示」として、あなたの体調をいつもよくしていくことに役立ってくれます。

4日目

「きちんとした準備」で アガリ症の8割は予防できる

序

準備不足がアガリを生む

準備の大切さをいう言葉に、**「段取り八分、実行二分」**というものがあります。

■リハーサルの効用

たとえば、人前のスピーチを考えてみます。

いきなり前に出て、多数の聴衆を前にして、「はい、どうぞ」といわれてもスピーチはうまくいきません。事前に話の構成を考えたり、口に出して練習をしたり、聴衆の分析をしたり、徹底して準備していくことによって、ようやくスピーチはうまくいきます。

アガリで困っている人の中には、準備不足が原因という方が多くいるものです。

たとえば、プレゼンで、いきなり思いもしないイヤな質問を受けて、いきなり「頭の中はまっ白」「しどろもどろ」でアガってしまったとします。これを、十分に想定質問を考えて、何回か仲間に質問してもらい、受け答えをするリハーサルをしておいたらどうですか?

おそらく、いきなり受けるよりは上手に、アガらないで対応できるはずです。

1 「一人練習」からはじめる

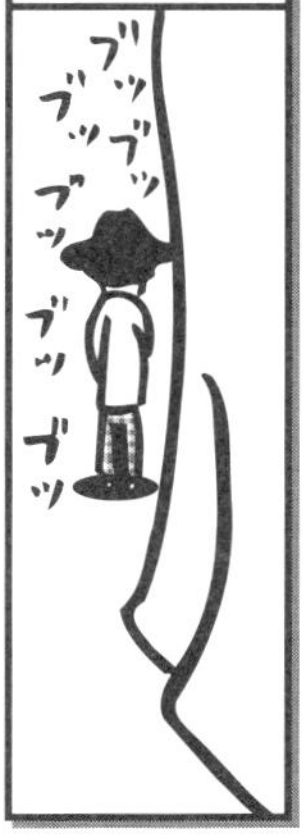

準備が重要なのは、何も質問の受け方だけではありません。試験でも、試合でも、デートや営業でも、すべてリハーサルをしたなら、アガリの大半は防げます。少なくとも、ずっと軽くなるものなのです。

■一人ならアガらない

アガリ防止のリハーサルでは、何といっても「一人練習」が王道といえます。これは、かなりの範囲のアガリを防いでくれます。

私は「シャドートレーニング」と名づけて、スピーチやプレゼンの練習で大きな成果をあげていますが、これはアガリやすい人にも効果があります。

ひとつだけ、「自己紹介」を例にあげてみます。リハーサルの大切さを実感してもらえると思います。

まず、どのような中身を話すのか、会社名や所属・仕事の内容やセミナーで得たいことなどを細かく書き出させます。といっても、一字一句ではなくて、話言葉で、ポイントだけ列挙してもらいます。

そして、「一人練習」でシャドーボクシングのように、一人で口に出してリハーサルします。

「一人で話す」ときにアガる人は一人もいません。なぜなら、目の前に誰もいないからです。

次に、二人組でリハーサルします。すでに一回声を出していますので、「一人の相手」に対してもアガらずに、楽な気分になって話せます。ここでも、アガリ症の人であっても、あまりアガらなくなっています。下書きで心を落ち着かせ、一人リハーサルで実際の感覚をつかんでいるのがその大きな理由です。

そのあとでようやく、大勢の前で話をしていきます。

これは後述しますが、段階的なリハーサルをするとよいのです。いくらリハーサルといっても、下書きをしてからいきなり大勢の前でリハーサルというのではアガってしまいます。

先日、娘の中学校の入学式に出ました。20分ほど早く着いて待っていると、新入生を迎えるということで、2年、3年の学生がリハーサルをしていました。この段階では、父母や来賓もまだそろっていませんし、新入生も先生たちも全員がいるわけではありません。

これが、リハーサルにはよい状況なのです。**あくまでも「本番よりもプレッシャーの低い条件」で行なうのです。**しかも、何回かリハーサルできるのなら、「ずっとプレッシャーの低い条件」からはじめて、回を重ねるうちに「偉い人に見てもらう」とか「聴衆を増やす」というような形で、プレッシャーを高めていくとよいわけです。

一人練習時のポイント

そういった意味では、一人のシャドーリハーサルというのは、もっともプレッシャーの低い条件でのリハーサルといえますので、おすすめです。必ず行なうようにするといいでしょう。

スピーチでアガってしまう人は、先の例をそのまま用いたらよいでしょうし、他の状況に置き換えて考えることもできます。「一人練習」を事前に行なうように習慣づけてみてください。

どんな場合にも共通していることは、必ず「現実にその場にいる」ようにイメージすることからはじめる点です。

たとえば、試験場にいて、問題に堂々と取り組むことのできている自分。デートの場で、彼氏・彼女とうまくアガらずに接することのできている自分。スピーチ、プレゼンで、自分の主張を力強く表現できている自分――。

どんな場面であっても、自分がその場でアガらずに、堂々とできているイメージを「一人で」行ないます。**じつは、このような心の中でのリハーサルこそが、アガリ克服のための最大の準備となるのです。**

2 チェックリストをつくっておく

事前準備は、一人でイメージしたり、声を出してリハーサルすることばかりではありません。詳しくは「状況別」のところでやりますが、たとえば、デートするときに、「下見」しておくことは準備になるでしょう。いきなりデートスポットにいくよりは、すでに何回かいったことがある場所のほうが「アガらない」ものです。

あるいは、二日酔いでフラフラではまずいですから、「前の日にはアルコールを控える」などという細かい注意も考えられるでしょう。

■チェックリストに何を書く?

もちろんこれは、下見をしろとか、酒を飲むなという意味ではありません。**「やるべきことを、あらかじめはっきりさせておくことが欠かせない」**ということです。

これはただ、頭の中で思っているだけでは不十分です。私たちは、思っている以上に「忘れてしまう」ものです。おすすめは、あらかじめ「やるべきこと」をチェックリストにして書いておくこと、目に見える形にしておくことです。

これは「アガリ防止」につながるばかりではなくて、仕事をうまく進めていくための、能率を高めるテクニックでもあります。**「あれもしなくては、これもやらなくては……」と、パラパラとまとまりのない状態から脱却することができます。**

たとえば、私の場合は携帯やパソコンの「メモ機能」を用いています。これは、「アガリ防止」という意味からではないのですが、仕事の準備ということでやっています。

チェックリストにして、やるべきことを目に見えるようにして、ひとつひとつ実行していくことによって、アガリを防げますから、やってみてください。

チェックリストの例

事前にやるべきことを、〝事前に〟書いておくのです。

たとえば、会議の発言を考えてみます。「何か発言しなくてはいけないな、よし、次の会議では発言してやろう」と頭の中でただ思っていただけでは、実際には手もあげにくいでしょうし、アガリそのものもなくならないものです。やはり、あらかじめの準備が欠かせませんし、チェックリストにしてひとつひとつ実行していくわけです。

では、どんな準備を行なえばいいでしょうか？　代表的なポイントを以下に列挙しておきますので、参考にしてください。

【アガリ防止のためのチェックリスト】

①発言する内容の構成を考える。
②短い時間内にまとまるように一人で声を出して話してみる。
③反対質問を考えて、受け応えの練習をしておく。
④堂々と発言している自分のイメージを描く。
⑤中身によっては、周囲に根回しをしておく。
⑥明るい自分をイメージさせるために、暖色系のネクタイを準備しておく。
⑦会議室には早目に入り、なじんでいる落ち着く席を確保しておく。
⑧リラックスするために、会議前に司会者や偉い人にあいさつしておく。

会議で発言するというだけでも、まだまだいくつもの「チェック項目」があります。これらを実行していったなら、かなりアガらなくなると思いませんか?

もしかしたら、今までは〝ぶっつけ本番〟でいましたね。それがアガリの大きな原因ということもあるのです。**そんなアガリを防ぐために、チェックリストの活用をおすすめします。**

3 ミラートレーニングのすすめ

アガリを解消するための有効な武器のひとつが「鏡」です。

本書を読んで、すぐにでも実行して欲しいことがあります。簡単ですが、しかし効果は絶大といっていいものです。**これを毎日続けていくだけでも、「アガリの半分はなくなる」と断言してもいいくらいのことです。**

鏡の前で何をする？

それは、鏡の前でスマイルする――これだけです。

アガっている人に決定的に欠けているのは、余裕のあるスマイル・笑顔です。

魅力的なスマイルというのは、簡単なようでいて、しかし上手にやらないと〝自然さ〟が出てきません。

まず、歯をみせるようにして口の端を両方バランスよくあげるように、「顔の筋肉」を用います。言葉だと長いですが、やってみるのは「ニッ」と口に出すつもりで一瞬です。もちろん、目になごやかな〝表情〟を出すつもりで、目元の筋肉はゆるめます。

鏡の前で、何回も何十回も、スマイルの練習をして、**自分の「ゴールデンスマイル」の表情を見つけてください。**

「こんな笑顔を見せられたらいいな」というスマイルの理想を鏡の前でいつでも出せるようにするのです。

ミラートレーニングの応用例

はじめは、時間制限なしに、自宅の鏡の前で「ミラートレーニング」、まずスマイルのトレーニングを続けていきます。

次に慣れてきたら、「アガっては困る」というときの直前に、小さな鏡でも用意するとよいでしょう。トイレの鏡でもいいですから、この「スマイル」をやってみます。

時間がなければ、鏡の中の自分の一番いいスマイルを思い浮かべて、ニッコリ笑っておきましょう。これだけでも気持ちが落ち着いてくるものです。

また、ミラートレーニングというのは、じつはスマイルだけに用いるのではありません。

とくに〝対人〟にからんだアガリの場合は、すべて事前の準備としてミラートレーニングを行なうことにしましょう。

ここでいう〝対人〟というのは、他人が目の前にいるのがアガリの大きな原因になっているということです。具体的には、スピーチ、プレゼン、営業、会議、買い物、デートなど――すべてそうです。

これに対するのは、試験や試合のような〝個人〟が中心となる行動で、必ずしも目の前の〝対人〟がアガリの原因にならないケースもあります。

意識としては、鏡に映っている自分を、あたかも〝他人〟のような客観的な眼で見つめてみます。たとえば次のようなことをいいながら、冷静に見つめて、分析してみるのです。

【ミラートレーニングの自己分析例】

「このスマイルはなかなかいいね」
「このジェスチュアを使ったら、力強い感じが出てくるね」
「ネクタイの色は、もっと明るいほうが熱意を出せるかな」など

アクションをつけて、動き・スピード・表情といった「ノンバーバル」な部分をしっかりとミラートレーニングによって改善していくのです。

アガリの居場所を減らす

もしかしたら、今までは鏡のこんな使い方をしたことがなくて、やや奇異な感じのする方も正直いるかもしれません。しかし、このトレーニングによって、すでにあなたはアガリからずっと遠い場所にきているのです。

「アガったらどうしよう、イヤだな」という心の状態と、「このスマイルはいいな、こうしたら力強さが出る」というミラートレーニング時の心の状態はまったく違います。

そして、**このようなプラスの前向きな心の状態が多くなればなるほど、あなたのアガリは減少していくのです。**

人は、一度に2つのことは思えません。アガってネガティブになりながら、「よし、やるぞ、いい気分だ」とは思えません。その逆に、ミラートレーニングによって、生み出された「いい気分」と「アガリの気分」とは両立しないものなのです。

前向きのアガリとは無縁のいい気分を一日のうち多くすればするほど、アガリの居場所はなくなっていくのです。

4 心身のピークと本番を合わせる

準備の中には、体調を整えることも入ります。

これは、ボクシングの試合を考えてみてください。どんなに練習のときに力が出ていても、本当の試合のときにピークを過ぎて、疲れてしまっていてはならないわけです。

たとえば、筋肉を用いてあえて疲れさせて、体力をつけるようなことは試合の前日には行ないません。そうでないと、翌日、筋肉痛ということになりかねません。

あるいは、闘争心にしても、試合の前の日にピークで、「よし、倒してやるぞ」となっても、翌日に平和な気分になりすぎてしまったら、本番には力を出せないでしょう。

■本番はいつ？

心も身体も、試合当日に、さらにいえば試合の時間に絶好調になるようにもっていくわけです。

まず、「アガらないで実力を発揮したい」という日時をはっきりさせましょう。

そして、そこに向かって心身のピークにもっていく工夫をします。これはスポーツだけでなくて、頭を用いるようなこと・メンタル面が中心になるような場合でも同様です。どの場合にも、日頃の実力養成を怠らずに、能力があることは大前提です。そのうえで、本番にピークをもってきます。

そのために、**やはり「リハーサル」してみることをおすすめします。できれば、時間に余裕のとれる休日に行ないましょう。**

たとえば、大事な会議が午後2時半からで、あなたの発言する予定が午後3時前後とします。すると、午後3時に心身のピークがくるようにします。

通常、脳が十分に働き出すのは、起床後2、3時間といわれますから、仮に午前中の会議としたら、必ず逆算しておきましょう。

頭が十分に回転しないうちに発言、ということは避けねばなりません。そして、頭の働かないうちに発言して、うまくいかずに、そこでアガってしまうこともあるでしょう。そうすると、ますますアガリが強化されてしまいかねません。

また、食事にも注意が必要です。麺類のほうが消化が早く、胃にもたれません。**ごく軽目に食事をして、〝やや空腹〟くらいが、頭の働きはよくなります。**

ギリギリに起床して、昼に大食いをしてから会議というのでは、すでに準備の段階でアガリを助長しているようなものですから、気をつけましょう。

■意識的に出す5つのポイント

もうひとつ、**準備段階で覚えておいて欲しいキーワードがあります。それは「出す」ということです。**

先ほどの例ですと、午後が本番なので、午前中に意識して「出す」ことを行ないます。何を出すかというと、次のことを意識します。

ポイント1◆声

スピーチやプレゼンでは、事前に必ず「声」を出しておきます。時間のないときには、イントロの部分だけでもよいですから、声を出してリハーサルする習慣づけをしましょう。また、「よし！」とか「やるぞ！」というように、短い言葉も「口に出す」ようにしましょう。

ポイント2◆汗

体を使うような試合ですと、やはりリハーサルの準備では「汗を出す」ことを行なっておきます。試験や面接のときにも、その何時間か前には汗を流す、軽く汗ばむくらいに体を動かしておきましょう。すると、「残留エネルギー」がなくなり、体から余分な力が抜けます。

アガリの原因のひとつである「体の力の配分の乱れ」が防げます。わかりやすくいいますと、汗を出すことにより「肩の力が抜ける」ことになるのです。

ポイント3◆知恵

企画のアイデアを考えたり、クイズを解いたりするように、頭を「考える」ことに使うのはよいのです。これを「知恵を出す」と表現してみました。

頭を使い知恵を出すことをしておきますと、「悩み」とか「アガリ」に使うだけのエネルギーがなくなってきます。心配したり、アガったりというのも、結構力を使うことなのですが、そんな余分な頭の使い方にエネルギーを使わせないようにするわけです。

ポイント4◆息

これは、「吐く息」のほうに意識を集中させた「腹式呼吸」を徹底して行なうことを意味しています。

そしてイメージとしては、息を吐きながら同時に、「体内からアガリの素が出ていく」とか、「アガリ、邪気、イライラがすべて出ていく」というように想ってみましょう。
一呼吸ごとに、新鮮な自分になっていくような心地よさが味わえるものです。

日常的に、「リハーサル」を行ないましょう。時間を決めて、そこに心身のピークがくるように注意深く生活リズムをつくっていくのです。

できたら、休日に「水曜の午後4時に」とか「火曜の午前11時にはピーク」と、その日を決めます。そして、ピークにもっていくまでに1週間後とか2週間後とか、時間を離すことも行なってみてください。このほうが難易度は高くなり、週単位で心身のコントロールをしていかねばなりません。

さらに慣れたら、何ヵ月か先の日時を決めて行ないます。これは、ほとんど本番への準備と変わらなくなってきます。今までのミラートレーニングとか、「出す」とか、イメージも含めて総動員して、その日時にピークになるように生活しましょう。**キーワードは〝節制〟です。ハメを外しすぎない日常の心構えこそ、アガリの克服法となります。**

5 段階的なリハーサルを心がける

リハーサルには直前に全体を通して行なうものもありますが、準備段階のリハーサルではいくつかの段階的なやり方があります。

【リハーサルのやり方】

①部分から全体へ。
②短期から長期へ。
③やさしいものから難しいものへ。
④本番と同一時刻に近づける。
⑤本番と同じ場所・条件に近づける。

■リハーサルの5つのポイント

準備段階のリハーサルとして、すべてを通していきなり行なうのはおすすめしません。ひとつずつ見ていきましょう。

ポイント1◆部分から全体へ

まず、パート（部分）をしっかりとリハーサルしておいて、そのうえですべてを通して行なうのです。

昔、2時間の講演を頼まれて、商工会議所や法人会などを廻っていたころに、私はよくこのやり方でリハーサルをしました。ストップウオッチをもって、10～15分くらいで一つのパートを声に出して練習してみます。仮に15分で2時間ですと、8つのパートになります。一日に1～2つくらいずつに分けてしっかりとリハーサルをします。

本番が近づくと、1回だけ通して2時間リハーサルしておきます。

いきなり本番そのもののように長くしないで、部分に分けてリハーサルして、慣れたら通しで行なうのは、自信をつけるために欠かせません。部分のリハーサルを何回も行なっておきますと、あまり大きなミスをしなくなります。そのうえで、全体を通してリハーサルを行なっていくのです。

このころ、15分のパートでリハーサルする癖がつきました。人が集中できるのはだいたいこのくらいなので、聴くほうにとっても聴きやすい話になったようで、よく講演会に呼ばれたものです。また、その甲斐あって、のちにテープの作成やテレビ出演などで、プロデューサーから時間をいわれると、ピタッとその時間でまとめられるようになりました。リハーサルがそのまま、トレーニングになっていたわけです。

ポイント2◆短期から長期へ

これは、リハーサルのそのまた準備として、すぐやるのか、間をおくのか、ということです。

先に「ピークにもっていく」ところでも触れたように、はじめは「3日後」とか「1週間後」を想定して、比較的近いところに「リハーサル日」を設けます。もちろんこれは「本番を想定して」ということです。その日に、心身のピークをもっていくようにするわけです。

さらに、1ヵ月先、2ヵ月先の日時を想定して、そこに全力を出せるピークをもっていくような心構えをつくります。

これはとくに、1年後に大学入試とか、面接のような先が長いところに「本番」のある場合に、大きな力になってくれます。

1ヵ月とか3ヵ月先の決めた日時に全力が出せるようにトレーニングしたなら、1年先でも大丈夫だと思ってください。

ポイント3◆やさしいものから難しいものへ

いきなり難しい内容のリハーサルというのは失敗してしまうこともあり、「やっぱりダメなんだ」と、自分を卑下しかねません。アガリは自信の逆の状態であって、自分を極端に落としめますとアガリやすくなります。おもしろいもので、いい結果を期待しすぎても、現実との間のギャップによって、やはりアガリます。

昔の人がいったように、自然体で極端に走らない「中庸」（ちゅうよう）というのが望まれます。リハーサルの中身も、すぐできるようなやさしいことからはじめます。

たとえば、私は「質疑応答」のリハーサルを受講者の方にしてもらうときには、次の3つの練習をまず行なってもらいます。

《質疑応答のリハーサルで練習すること》

①前に出ていく……質問を受けますという態度・自信を体で示します。

②自分で右手をあげながら「質問のある方いらっしゃいますか？　挙手お願いしま

す」という……ボディランゲージで、手をあげさせることを示します。

③質問者の真正面に体をしっかりと向けて、アイコンタクトをする……あなたの話をしっかり聴きますよというメッセージです。

つまり、前に出て、手をあげて、体を質問者を想定してそちらに向けること――。これは、体を動かしたらいいだけなので「やさしいステップ」なのです。しかし、本番であっても必ず行なわねばならぬことですから、徹底してリハーサルして体に覚えこませます。

その次のステップで、質問のやりとりのリハーサルを行ないます。できるだけ短く答える練習や、「予算がないですね」「人手が足りないけどムリじゃないですか」などといった否定な質問を「予算の件ですね」「人員の点で質問がありました」というように言い換える練習をしたりします。これは、前に出るとか、手をあげるのとは違っていて、難しくなります。

いきなりこの難しいほうではなくて、やさしい、取り組みやすいほうから手をつけていくわけです。

別のたとえでいえば、いきなり棒高跳びで高く跳ぼうとしないわけです。低いバーで、何度もリハーサルして、そのあとで高くしたバーでのリハーサルを行ない、本番にそなえるということだと思ってください。

ポイント4◆本番と同一時刻に近づける

これは前述した、本番と同じ「時刻」にピークがくるように心がけるのと同じです。たとえば朝型の人が、午後の遅い時間帯にピークをもっていかなくてはいけない、としましょう。普通の生活ですと、その時間帯、たとえば夕方4時半くらいには、能率がさがってしまうのがわかっています。すると、その日に備えて朝遅めに起きて（可能であれば）、夕方に能率があがるようにコントロールしてみます。あるいは、食事の量や時間も何パターンか行なってみて、一番「4時半」にピークがくるような工夫をしてみます。

ちなみに、このあたりは、日本のスポーツ選手も取り入れてトレーニングされると、もっと成績があがる余地はあるものと思われます。

ポイント5◆本番と同じ場所・条件に近づける

試験会場・試合会場などにいければ、最高です。あるいは、同じ部屋に実際にいってみて、椅子やソファがあったら座ってみたり、部屋の明るさを確認してみたりということができるといいでしょう。

リハーサルでの状況が本番に近づけば近づくほど、本番でのアガリを防ぐことができます。これはスポーツ選手が、現地にいってトレーニングしたり、同じスタジアムで過去に試合をしていたなら、リハーサル効果が得られるということからもわかります。

たとえば、デートするときでも、下見をしておくと、アガリが防げます。

「会場の下見」を行なったり、場合によってはそれ以前の、場所にたどりつくまでの交通手段を考えて、「リハーサル」で一回会場まで足を運んでみるのもよいでしょう。仮に、中に入れなかったとしても、本番の当日に「はじめて」というのよりはアガリを防げます。

つまり、「人は何回かくり返し体験して、慣れが出てくると、アガリにくくなる」ということです。

ただし、これはもちろん、部分から全体とか、やさしいことから難しいことなどと手順を踏んでからのことだと思ってください。いくら本番と同じに近づけるといっても、仮に何百人の前でリハーサルすることは、人前でアガる人がいきなり行なうのは無茶でしょう。

あくまでも、ステップを踏んでリハーサルしていくのです。

6 「クイック禅」で心を安定させる

このごろは、「クイックマッサージ」の看板をよく見かけます。同様に時間を短くして行なう「クイック禅」をおすすめします。これを準備段階で行なうのです。

■クイック禅の3つのポイント

正式に坐禅の型をとる必要はまったくありません。**電車の中で立っていても構いませんから、「心を安定させる」ことを行ないます。**許されるなら、じっくりと座るとよいでしょう。ただ、日々のトレーニングということなら「1分間」でいいのです。それを何度もくり返します。

その際には、次の3つのポイントを守りましょう。

ポイント1◆目を閉じる

目を閉じるのは、情報をシャットアウトして、心を安定させるのによいからです。

ポイント2◆背筋を伸ばす

やってみるとわかりますが、背筋は猫背や左右に倒したり曲げているよりも、真っ直ぐ伸ばしているほうがずっと早く心が安定してきます。「心身一如」というように、体が整うと心も安定します。

ポイント3◆理想の結果をイメージする

理想の結果というのは、たとえば「営業がうまくいって、契約書に判を押してもらっている場面」「彼氏とグアムの教会で結婚式をあげている場面」「合格発表を見にいって、自分の番号があった!というシーン」のようなことです。つまり、こうなったらいいなあということを、常に「1分」の中でイメージしておくのです。

この場合、あまりアガリに関わることそのものは、イメージしないほうがいいようです。1分間ですと、アガリに意識が集中してしまって、かえってよくない結果になりかねないからです。何回も1分間のクイック禅で慣れてきたら、よいのですが……。

もし何十分と時間があってゆっくりと禅に取り組めるのなら、「アガらない自分」「堂々とした自分」もイメージしてください。時間をかければ、「アガる自分」から「堂々とした自分」への意識の切り換えは可能だからです。

7 「ミニシナリオ」を用意しておく

以前のプレゼンテーションでは、私は視覚物・器材としてOHPを用いていました。フィルム交換は手作業ですが、聴衆の視線を移動させられたり、次に何のフィルムが出るかを自分で確認することができます。

ところが今はパソコンが全盛で、パワーポイントでプレゼンとなりますと、スライド一覧表を出しながらスライドショーはできませんから、次にどんな画面がくるのかが、100以上のスライドを用いるので、とっさにはなかなかわかりません。

■あるだけでOK？

そこで私は、カンニングペーパーならぬ、英語でフェイクシートという、A4サイズに6つのスライド画面を印刷した紙を用意しておきます。これが、私にとって一番見やすい大きさです。これに番号をふっておいて、プレゼンテーションの最中にチラチラと見て確認しながら、次のスライドを映します。

このカンペがないとプレゼンがやりにくいのはもちろんですし、アガリ症の人は「次のスライドは何だったっけ」とそれだけでアガってしまうでしょう。

とくにスピーチの場合には、アガリ防止の準備として、簡単なストーリーを、キーワードだけ記した「ミニシナリオ」の形で用意しておきたいものです。

このシナリオは、一字一句書いた「本当のシナリオ」である必要ありません。本当のシナリオ式になりますと、どうしても読みあげなくてはならず心がこもりません。

たとえば、企業のクレーム対応で、時々幹部が原稿を読みながら「大変申し訳なく思い……」などというケースがありますが、それよりも自分の言葉でしっかりとカメラに向かってアイコンタクトして、素直に自分の言葉で謝ったほうがよほど誠意が伝わるでしょう。

もちろん、ミニシナリオは見なくてもよいのです。それでも、安心料・保険にもなりますから、机や演台の上にでも置いておきましょう。「次に何を話していいかわからない」となるとアガりやすくなりますから、それを事前に防ぐのです。

8 アガったときにすることを決めておく

準備には、「保険」**のつもりでやっておくべきことがまだあります**。何だかわかりますか？

それは、「万一アガったらどうするか」をあらかじめ決めておくということです。

■パニックを防ぐために

もちろん、今までの準備によってアガる可能性は相当に低くなっています。大丈夫でしょうが、やはり万一のことは考えておくべきです。

詳しい対処法は2日目に述べましたが、ここでは「あらかじめどれを行なうのかを決めておいてから本番にのぞんだほうがいい」ということを覚えておいてください。それも、**最低3つは組み合わせて行ないます**。たとえば、スピーチをしていてアガったら――。

【アガったときにすることの例（スピーチ中）】

①親指を強く引っ張る。

②努めてゆっくりと、笑顔で話すようにする。
③聴衆から目を離すために、板書する。

そして、キーワードのみメモしておきましょう。「親指・笑顔・板書」というような簡単なもので構いません。アガった、と思ったらすぐに、自然に親指を引いて、ゆっくり笑顔で話すことを心がけます。そして、「ちょっと、まとめてみましょうか」などと一言いってから、板書するために移動しましょう。ゆっくりと歩いて、心を落ち着かせます。

あるいは、試験中なら――。

【アガったときにすることの例（試験中）】

①お守りを握りしめる。
②軽く目を閉じ呼吸を整える。
③後ろの問題から手をつけてみる。

これらは一例ですが、自分でやることをあらかじめ決めておくことを忘れないでください。

9 緊急避難まで視野に入れておく

これも万が一ということですが、準備ということで覚えておいてください。それは、アガったらどうするかの対処をつくしても、もうどうしようもなくなったときの「緊急避難」です。

■どうしようもなくなったら？

たとえば、司会の人と打ち合わせをしておいて、「本当にアガってしまってどうしようもなくなったら合図を出しますから、うまくまとめてください」というようなものです。あるいは、携帯のなったフリをして、一時その場を離れるとか、トイレにいくフリをするとか。

もちろん、実際に用いなければ一番いいわけですが、万一の場合でも大丈夫、と思うと安心できます。そのことで、アガリが防げるのです。もしもの場合も、「アガった、どうしよう」とあせるのではなく、**「助けてもらえるから安心」というリラックス感も出てくる**わけです。

つまり、ダメでもともと式に、**「いざとなったらここまでできる」というところまで知ったうえで、本番にのぞむのです。**

5日目

アガリを怖がらない「強い心」を養う

序

強い心は日常の中でつくる

アガリ症の克服には、「強い心」を日常の中で築いていくような心構えが欠かせません。

■完全克服に向けて

まずは、いくつかの「強い心」をつくっていくための具体的な方法をお伝えしましょう。

また、一般にはストレスやプレッシャーは悪いことのようにも思われています。**しかし、じつは、ストレスやプレッシャーは必ずしも悪いものではないのです。**この点にも触れてみましょう。

そして、日常の中でのトレーニング法に加えて、「メンタル・リハーサル」の手法もご紹介します。

これらは、アガリ症を克服するための大きな力になります！

1 会議で手をあげてみる

会議中に「発言をしようか、どうしようか」と迷った経験はおありでしょう。しかも、自分のいおうと思っていた意見を他の人が手をあげていってしまい、それが参加者に認められて採用されたときなど、〝悔しい〟思いをした人もいるでしょう。

■マネから入る

自分がアガリ症で手があげられないばかりに、せっかくのアイデアが表に出なかったり、他の人にとられてしまうような形になるのは、できれば避けたいことでしょう。

ある人生成功法を説くアメリカ人は、こんなことをいっています。

「恐怖をとりのぞく一番いい方法は、一番恐れていることをやってみることだ」と――。

「人前で手をあげて恥をかきたくない」という人にとっては、まず思いきって手をあげてみることが一番の解決法となってくれるでしょう。

この場合に、「インスタントモデリング」という方法があります。自分の心の中で、「この人は会議の発言が堂々としてすばらしい」というモデルを見つけるのです。同じ部課の先輩や同僚のような、身近な人がよいでしょう。身近な人ですと、日頃接していることも多いので「マネ」しやすいわけです。

「学ぶとは、マネぶ」というくらいですから、自分の手本とする人を頭に置いておくことはよいことです。

クリントン元大統領が、J・F・ケネディの仕草をひとつひとつマネて、名プレゼンターとなったように、「発言」のうまい人を徹底してモデルにしてしまいましょう。

この場合、うまく発言できたかどうかは、あまり気にしないでください。

今まで、会議で手をあげられなかったあなたが、まずは思いきって挙手できたことが大進歩なのです。

そして、慣れてきたなら、スピーチの構成や、データ、裏付けとなる「証拠」などの例を豊富にして説得力を高めていくのです。

まず、アガリ克服の第一歩として、とにかく手をあげてみることをおすすめします。

2 道を尋ねてみる

アガるのは、私は「日常」からのトレーニングで克服できると考えています。

つまり、プライベートでも落ち着いて安定した心の状態を保てたなら、アガることは少なくなるものです。**昔の人のいった「平常心」「平静心」を日頃から養うことが大切です。**

■簡単なところからはじめる3つのステップ

そのための方法として、「道を尋ねる」ことをおすすめします。次のようなステップを踏んで、トレーニングしていくのです。本当にわからなくて「道を尋ねる」だけでなく、意識的にそのような状況をつくることで「アガリ克服のトレーニング」を行なうことができます。

ステップ1◆イエス、ノーで答えられる質問をする

人柄のよさそうな、親切そうな人を見つけて、「すみません、駅はここをまっすぐでいいんでしょうか?」と、道に迷ったか、はじめてここを通るのだというふりをして尋ねるわ

けです。もちろん、知らない街で本当に尋ねるのもよいでしょう。

ステップ2◆話しかけやすい人に、もう少し詳しく道順を尋ねる

「すみません、市役所はここから、どういけばいいのでしょうか?」と尋ねると、多くの人は親切に「ここをまっすぐいって、次の交差点を左に……」と説明してくれます。

このとき、アガりやすい人は「相手の目を見る」ようなことはやりにくいはずです。しかし、ここはトレーニングです。思いきって、相手の目をしっかり見るようにします。

スピーチなどよりも、1対1で道を尋ねるような「対話型のコミュニケーション」のほうがアガりにくいものです。相手の話をしっかり聴くコミュニケーションによって、アガリは次第に軽くなっていきます。

ステップ3◆ちょっと話しかけにくい人に挑戦する

ちょっと話しかけにくいなという人に、詳しく道順の説明を求めていくのです。そんな人との話をくり返していくうちに、〝苦手意識〟がとれて、とくに大勢の前でスピーチしてアガるようなことが少なくなります。

3 ビデオ・映画から勇気をもらう

以前、ヒップホップダンサーの方とお話をする機会がありました。

中学を出てすぐに「ダンス」のために東京へ出たかったのを、周囲の説得もあって、高校卒業まで待ってからようやく東京にきたという人です。

あなたにとってのサクセス・ストーリーは？

ダンスのレッスンはつらく、バイトをしたあとでのレッスンは、倒れそうになったり、心がめげたりもします。「もうダメ」と思ったとき、彼女は古典的な名作『フラッシュ・ダンス』をビデオで観て、勇気を奮いおこすようにしているのだと話してくれました。

その工員だった主人公がオーディションに合格するまでのサクセス・ストーリーを、自分にダブらせて観るのだそうです。「いつか自分も成功してみせる」と。

自分を賭けられるような対象があると、アガリに気をとられているような暇はなくなります。

タイガーウッズにとってのゴルフ、イチローの野球のように、一生を賭けるようなものに取り組んでいる人は、ほとんどアガリを感じないものです。

そこには、よい意味での〝緊張感〟があるのでしょう。

私がここでおすすめしたいのは、ヒップホップダンサーの女性のように「心を奮い起こすビデオ」を観ることです。

私は、以前、自分のトレーニングコースの営業をしにいくときは、**ボクシングのマイク・タイソンのKOシーンを観てから、「よし、やるぞ！」と気分を高揚させたものです。**ご存知のように、タイソンの試合は1ラウンドKOも多くて、ヘビー級では一番小柄なタイソンが、大男を一発で倒していくのは心地よく、力が湧いてきます。

人によって、観ると気分が高揚して、ヤル気になる対象は異なるはずです。その自分なりの「勇気づけ」の映画やビデオは、私たちをアガリの心からもっとも遠い状況へと導いてくれます。

〝アガっては困る〟というようなスピーチや会議・試合・テストの前には、ぜひ勇気をもらうように心がけてください。

4 不言実行からはじめる

誰でも「他人の眼」を気にして生きています。でも中には、「失敗したらどうしよう」「笑われたら……」というようなことを考えすぎてしまい、アガってしまう人もいます。

■アガリの下地とは？

何かを人に〝公言〟してしまって、それが達成できなかったときに何かをいわれると、それはアガリにつながります。ですから、まずその点のプレッシャーを除いておくために、行動を先にとってしまう「不言実行」をおすすめします。

今まで人に公言して、無用なアガリの原因をつくってはいなかったでしょうか？

まず、余計なアガリを防ぐという意味で、許す限り「不言実行」していくのです。

仮に、営業マンが上司に「1ヵ月以内にこの数値目標を達成します」といって、達成できなかったとします。この時点で、「上司から怒られるな」「イヤなことになったな」というように、心はネガティブになってしまっています。これでは、アガリの下地ができているといえます。

「不言実行」なら、このネガティブな下地ができないですから、アガりにくいのです。

■本来の強さを引き出すには？

ただ、これはある意味、〝受身〟です。もっと前向きに、「アガリなんて何でもない」というような強い心をつくってみませんか？

そのためには、やはり〝意識的〟に有言実行してみることです。大切なのは、自分から「よし、有言・広言したからには、必ず成功させてみせる」という強い心をもつことです。

はじめはなかなか、強い心・不動の自信をもてません。しかし、ノルマのように他から目標を〝いわされる〟のでは意味がありません。あくまでも自分の意志で「有言実行」していくことに価値があります。そして、自分はどう感じたか、心の変化・動きを観察してみましょう。

たとえば、「あっ、だんだん冷静に考えられなくなってきている」「頭の中がまっ白の状態」「私の心は恐怖で一杯」というように、自分の心の状態に自分で気づいてみましょう。すると、おもしろいことに、相当アガリは軽くなっているのです。

他人に口にして成功したときに、あなたの自信は強化されていくものです。**「有言」「広言」し、自分を追いつめることで、あなたが本来もっている〝強さ〟を引き出していくのです。**本来、あなたは強い心の持ち主であることに、一日も早く気づいてください。

5 あえてマイナスな状況を受けとめてみる

「有言実行」というのは、いわば〝マイナスな状況〟をあえて受けとめてみて、タフな心をつくっていくためのテクニックといえます。この他にも、あえて自分をマイナスな状況——つまり、アガるような状況に追いこんでみることは、強い心をつくるのに有効です。

じつは、先の「会議で手をあげる」「人に道を尋ねる」というのも、アガる状況を自分でつくっていって、耐性をつけていくということにほかなりません。

■はじめはアガって当たり前！

アガリは、深刻なものではありません。先述したように、**あなたは人よりも少しだけ敏感で、頭のよい人なだけです**。ほんの少し、日々の生活の中で努力してみるだけで、必ずタフでアガリとは無縁な心がつくれます。

英検でも、漢字の検定でも、資格試験にチャレンジしてみるのは、「アガリ克服」にはよいことです。狙う資格は、やさしいものでもよいですし、まったく興味のない分野でもかまいません。しかも結果として、資格も手に入ったなら一石二鳥でしょう。

とくに、「試験会場でアガってしまう」という人は、試験そのものへの〝慣れ〟が不足していることもよくあります。**どんなにアガリ症の人でも、100回も場数を踏んだなら、必ずはじめてのときよりはアガらないものです。**

これは、スピーチなどでも同じです。私も、はじめて2時間の講演会を行なったときには、前の日からすでにアガっていました。しかし、10回、20回とくり返すうちに、特別なトレーニングをしなくても、はじめよりはアガらなくなりました。

あるいは、異性を前にすると、必要以上にアガってしまう人もいるでしょう。思っていることの半分もいえずに、自分を正しく知ってもらえません。そのような人も、もうすでにおわかりでしょうが、そういう状況をあえてつくるようにしましょう。道を尋ねるというトレーニングも、あえて異性にしてみるのです。あまり参加しなかった合コンにも、積極的に参加するのです。そこで、彼氏・彼女と出逢えたなら、一石二鳥でしょう。

まずは日常の会話から

アガリ症の方は、自分がアガっているのをひやかされたり、恥をかくのを避けたいと、人一倍思っています。誰もが思うことですが、それが平均よりも強く出てしまっているわけです。

ですから、**まずは「日頃のコミュニケーションを多くする」のも、アガリを防ぐコツです。**

いままでメールですませていたようなことも、何回に1回か意識をして、電話で話すようにしてみましょう。何事も、直接自分で話すような習慣をつけるのです。

知人に、若いころから極度のアガリで困っていて、そのまま社会人になった方がいます。彼は思い切って、当時はやっていた「異業種交流」や「人脈の会」を自分でもやろうと思ってはじめました。毎月1回、講師を呼んでスピーチしてもらいます。勉強会の形で、異なる業種の方に声をかけ、DMを出して参加者をつのりました。

当然、講師に依頼したり、世話をしたりして、話さなくてはならない場が増えました。また、会を運営していくために、主催者としての発言の数も増えます。それに、メンバーとの交流で飲みにいったり、ボーリングをしたりと、当然、話す回数が増えたのです。

もともと〝人嫌い〟とまでいわれた彼でしたが、あえてコミュニケーションを増やさなくてはならない状況に自分を追いこみ、成功しました。アガリ症の彼は、今どこにもいません。

人とのコミュニケーションが苦手でアガってしまうような人は、あえてコミュニケーションの場を増やすのです。あえて「アガる場」をつくって、場数を踏むことをしてみましょう。**くり返すうちに、アガリが自信へと変化していくのを体感できるはずです。**

6 プレッシャーを味方にする

そうはいっても、「マイナスな状況に自分を追い込むなんてそう簡単にはできない」という方もいらっしゃるでしょう。そのような方は、プレッシャーやストレスが、アガリの原因になっていると思われます。

■いいプレッシャーとは？

でも、考えてみてください。プレッシャーやストレスは、すべてが悪いものでしょうか？

結論からいいますと、〝適度〟なものであれば、ストレスもプレッシャーもよい働きをしてくれます。むしろ、必要といってよいでしょう。

プレッシャーやストレスをゼロにしようとする必要はまったくないのです。

まず、開き直ってしまいましょう。ストレスやプレッシャーを感じても、「これは自分にとってよいプレッシャーなのだ」と思ったらよいのです。

現役時代の長島茂雄は、自分の最適な能力を出せるプレッシャーを知っていたといわれています。そして、バッターボックスに立ち、「まだプレッシャーが低すぎる」と感じたら、素振りを何度もくり返していって、心拍数をあげたそうです。そして、自分の納得いくプレッシャーにしてから、バッターボックスに立ったそうです。

あなたも、自分の能力を出せるのに最適な「プレッシャーの度合い」「ストレスの度合い」を知っておきましょう。すると、「あっ、緊張している」と感じた時点でアガることはなくなります。むしろ、ストレスを感じると、「よし、能力が出せる」と喜べるくらいになれるでしょう。

本番をラクにするために

以前、基礎代謝量を高めるためには筋力をつけることが欠かせないといわれ、ダンベル体操をしたことがあります。ここからも、アガリ克服のヒントを得ることができました。

私は5キロと2キロの鉄アレイを用意しましたが、実際にやってみてわかったことがあります。それは、2キロのあと5キロのアレイをあげますと、とても重く感じます。ところが、逆に5キロをあげたあとで2キロに挑戦してみると、とても軽い感じがするのです。

そこで、これを私は研修でも応用しています。ひとつだけ例をあげます。

人前でのスピーチでは、アイコンタクト（聴衆の目を見ること）が、双方向のコミュニケーションづくりのためにも、欠かせません。ところが、いきなり3秒、5秒と見るのはかなり苦労します。「目をしっかりと見る」と頭でわかっても、体がついていきません。

そこで、あらかじめジッと「相手の目を見る」だけの練習を10秒くらい行ないます。すると、人前で比較的楽にアイコンタクトができるようになります。

あえて負荷をかけてトレーニングしておくと本番でうまくいくのは、鉄アレイでもスピーチでも同じです。そして、これはアガリにおいても同様なのです。

まず、いつもよりややプレッシャーのかかる、ストレス度の高い状況をつくります。そしてトレーニングの意味で、あえてその状況に対応してみるのです。

現在の私はさすがにアガらなくなりましたが、逆に「いかに緊張度を高くしていくか」を考えています。慣れきってしまうと、逆によくないこともあるからです。適度のプレッシャーをかけるために、「ジョークをいれて半分以上の人を笑わせる」「あえて間をとり、10秒以上話さないでいられるかチャレンジする」などといったノルマを1つ、2つ用意して行ないます。

いくつかのノルマをかけますと、やや緊張度が高まっていくものです。

練習の段階から、あえて強目のプレッシャーを自分にかけておきますと、本番ではかなりリラックスできるものです。

7 メンタル・リハーサルを取り入れる

アガリが癖になっている人は、頭の中で「自分がアガっている」シーンが浮かんだりしませんか？　**アガる前から「アガる自分」を心に思い描くことほどつまらないことはないのです。**

■メンタル・リハーサルの5つのポイント

私が高校3年、自動車学校に通っていたときのことです。試験前になると、私は自宅で心を落ち着かせ、「右に曲がって、停止して」と心の中でコースを運転する自分を想い描いていました。**何十回と行なっていると、実際にコースを走っているかのように思えたものでした。**

のちに、これが「メンタル・リハーサル」だと知りました。そのポイントは次のとおりです。

ポイント1◆静かで、集中できる場所を確保する

もちろん、慣れたらどこでもできますが、はじめは行なう場所が肝心です。

ポイント2◆目を軽く閉じて深呼吸をする

目を閉じるということは、一日の情報量のうち83%以上を占めるという視覚情報を断てるので、集中するのにはよいことです。

ポイント3◆実際にあなたがアガってしまうような場面をイメージする

人前でのスピーチ・試験場・デート先・面接など、その現場をイメージして、その中に自分を置いてみましょう。

ポイント4◆「アガらない、アガらない」と何回かくり返し唱えて、心を集中させる

さらに、「自分は堂々としている」「自分は十分に能力を発揮している」というような、前向きのポジティブな表現を心がけましょう。

ポイント5◆心の中で、アガリとはまったく無縁な堂々とした自分の姿をイメージする

「お気に入りの映画のワンシーン」をマネるような感じでするとよいでしょう。

このときに、より強調するために、一言セリフを口にしている自分をイメージしてみたいものです。たとえば、「よし、今日は堂々としている」「いいぞ、これなら合格だ」というように、アガリで困るような場面で、堂々としている自分を心の中で思い浮べるのです。

静から動へ

象徴的な「静止画像」的なワンシーンのみを想い描くだけでも、アガリ克服の効果は相当なものになります。

たとえば、「試験会場でどんどん問題が解けて、ニッコリしている自分」「大観衆の前で、堂々とスピーチしている姿」「会議での発言中」「彼女とのデート中に」「営業先で」など――。

アガっていない自分を、あたかも一枚の写真のようにイメージしてみましょう。

そして、慣れてきたら、〝動き〟をイメージの中で出してみます。たとえば、「運転して動いている車と自分」「筆記用具を動かしている自分」「スピーチの演台の前へ堂々と歩いていっている自分」というように、今度は写真ではなくて、動きのあるイメージを想い浮かべてみることです。そうすることによって、より現実に近いイメージになってきます。

メンタル・リハーサルは、「イメージを浮かべる力」が大切になってきます。だから、3Dの立体映画などを「イメージ力強化」のトレーニングとして観るのもよいでしょう。楽しみながらイメージ力が身につき、それがさらには「アガリ克服」に通じるのです。

8 アガリを認めることも強さのうち

昔、武道を習っていたときに、先生からいわれたことがあります。

「初心者は、本当に弱いから相手に対して構えたときに、オドオドして小さな構えになる。中級・上級になってくると、何とか自分が強いことを見せつけようとして、必要以上に大きな構えになってくる。ところが、**本当の名人・達人になると、本当に力があるために〝自分は強い〟ことを見せなくてもよく、余分な力の抜けた自然体で小さな構えになる**」と。

■アガリ克服までの道（レベル1～3）

これと同様に、アガリ克服の過程にも、いくつかのレベルがあります。

レベル1◆アガってしまって、どうしようもない

たとえば、頭の中がまっ白になったり、震えが止まらないようなことは、このレベルにあることの証明です。これは、一刻も早く脱却したいものです。

レベル2◆アガリを認めたくない

「自分はアガってなどいないんだ」と自己暗示にかけたり、さまざまな「アガらない方法」にチャレンジしてみたりして、「自分はアガっていない」ことを何とか周囲にも示したいし、自分でもそう思いこみたいというレベルです。

レベル3◆ポジティブな明るい前向きな「自画像」ができる

頭の中がまっ白になるようなことも、場数を踏んでいくうちになくなります。「自分は堂々と話をしている」「自分はアガることなく力を発揮している」といった、自分のいいイメージが描けるようになります。

つまり、自分はアガっていることを認めないのは、中級・上級者です。段々慣れてきますと、「自分は堂々としているんだ」「アガってなどいないよ」と強調するようになってきます。

ただ、**本当の強者・強い心になりますと、自分の弱さ（アガっていること）をそのまま自然に認め、受け入れられるようになります。**たとえアガリがあっても、「今日はちょっとアガっていますね」「100人もいるから、やはり緊張しますね」というように。

本当の初心者のうちは、アガリを防ぐことで精一杯でしょう。少し余裕が出てくると、強い心（アガらない心）をつくることに力を入れるようになります。そして、ついには**「アガっていますね」ということさえも、笑顔で自然に口にできるような名人クラスの心になるのです。**

■沢庵和尚がもつ強さとは？

ここで、昔のエピソードをひとつ紹介しましょう。

大陸から虎がはじめて輸入されたという、徳川三代将軍家光の時代の話です。

檻に入った虎を見て、将軍がこういいました。「ところで、この中で檻の中に入るような勇気のある者がいるか？」と。みな逃げ腰でしたが、家光は剣術の師である柳生担馬守を指名しました。「中に入り、虎を退治してみろ」と。

木剣をもった担馬守は、じりじりと虎のほうへ寄っていきます。その剣の名人の気迫に追されたほうも、少しずつ後ろに退がっていき、やがて檻の隅まで追いつめられました。このままいくと、今度は虎のほうから襲いかかってくるかもしれません。そこで、「よし、それまで」と、家光が止めました。ただ、剣の力で虎を追いつめたのは、さすがに名人です。

次に、家光が指名したのは、禅の師である沢庵和尚でした。家光にしてみれば、心の先生役だった和尚は、担馬守ほどに「強者」だとは認めていませんでした。いつも、わけのわからない禅の話などをされて、ひとつ「マイッタ」といわせようという悪だくみもあったようです。

そして、沢庵和尚が檻に入りました。素手で、しかも、いつもとまったく変わらない、自然体で……。檻の周囲の家光はじめ各地の武将たちは、この和尚はどうなってしまうかと、ハラハラしながら見守っていました。

ところが、檻の中では意外な光景が展開されました。**何と、和尚に対して、虎はあたかも猫のようにじゃれついてきたのです。**

先の担馬守のほうは、力で虎を押さえつけ、「勝とう」とするやり方でした。しかし、沢庵和尚のほうははじめから勝とうとか、争う心持ちはゼロでした。戦う気はなく、むしろ友好ムードで対応したら、恐ろしい虎さえも、じゃれついてきてしまったのです。

このエピソードの虎を「アガリ」に置き換えて考えてみてください。今までの「防止法」「克服法」は、どちらかというと柳生担馬守式の「アガリに勝つ」という考え方でしょう。

しかし、ときには、サラリと「自分はアガっているんだよ」と受け入れてしまうような〝自然体のやり方〟もあるということです。

「アガリと戦おうとしない」ことにこそ真の強さが秘められていると思うのですが、みなさんはどのように感じられたでしょうか？

6日目

「アガる状況別」の対処法を知っておく

序 アガリには大きく2つのケースがある

アガるといっても、さまざまな状況があります。**大きく分けますと、「対人」のケースと、「個人」のケースがあります。**

基本を使い分ける

たとえば、人前のスピーチがアガってできないのは「対人」です。また、試験や記録を出すスポーツなどでは、一人の「個人」ということになります。

ただ、個人というのも、間接的には他の受験者とか観衆がいて、結局は「対人の一部」ということです。本当に無人島で一人なら、アガるということはありません。

ここでは、いくつかの〝状況〟を考えてみて、その状況別で対処の仕方ということを考えてみましょう。

アガリのとっさの防止法というのが〝基本〟としたなら、それを状況によって使い分けていくということで〝応用〟ということになるでしょう。

1 「スピーチ」でアガってしまう

どのようなスピーチで、私たちはアガるのでしょうか？　もちろん、人前に出ただけでアガってしまうこともあるでしょうが、たとえば結婚式のスピーチではどうですか？

■5つの原因から対策を考える

人前でのスピーチでアガる原因をいくつかあげてみましょう。

これを逆に考えますと、**これらひとつひとつが克服されたなら、かなりのアガリ防止になるということになります。**たとえば、次のようなことは大きなアガる理由になるでしょう。

原因1◆知らない人が多い

もしも知っている人ばかりの前でしたら、かなりリラックスできます。十年来の友人・知人ばかりでしたら、話しかけやすいでしょう。「初対面」というのは、アガって当然な状況です。事前にあいさつを交わしておくとか、世間話を休憩中にしておくとか、知っている人に話しかけるような感覚にするための工夫をしましょう。

原因2◆話し慣れない言葉を使う

言葉づかいも、「エー、突然のご指名によりまして」とか、「かくもにぎにぎしく」とか、会話で用い慣れない言葉は、アガリのもとになります。徹底したリハーサルをしませんと、〝慣れた言い回し〟にはならないものです。

話ベタだった私は、話し方教室での3分間スピーチの前には、ひとつのテーマを20回、30回とリハーサルしたこともあります。それだけやると、アガリはかなり軽くなりますし、考えなくてもスラスラと言葉が口をついて出てくるようになります。

原因3◆聴衆が多い

聴衆の数そのものは、自分でコントロールするのはできないことです。目の合った人と一対一で話をしているような「対話型」のスピーチをしましょう。その人だけに話しかけているつもりになります。質問もたくさん投げかけてください。

「どう思いますか?」「なぜでしょう?」「いつごろだと思いますか?」「はたして、よかったのでしょうか?」「どちらがよかったのでしょう?」など、たくさんの質問をスピーチに盛り込んでいくと、対話型になり、リラックスできます。演説はしなくていいのです。

原因4◆短いスピーチ時間

ある程度スピーチの中身にストックがあってという前提ですが、スピーチの時間は、じつは3分、5分という短いほうが「ミスが許されない」というプレッシャーがかかります。私も一日の研修ですと、多少のミスでもあとで盛り返せますから安心して話せます。しかし、短いスピーチではたった一言が命とりになることもあるのです。

原因5◆失敗が許されない

たとえば「結婚式」となりますと、一般には「一生一度」の当人にとっての晴れ舞台ですから、ミスは許されません。変な一言は、うかつにもいえないわけです。

そのようなミスを防ぐのに最良な方法はリハーサルです。

リハーサルと、「実践」こそが、スピーチでのアガリ防止には欠かせません。「私はスピーチ下手だから」といって何もしないと、いつまでたってもそこから脱却できません。思いきって、スピーチの場に自分から進んで立ち向かう、あと一歩の勇気こそ大切なのです。

2 「試合」でアガってしまう

私は格闘技が好きで、休みにはなるべく都合をつけて試合を観にいきます。

打撃のK−1やキックボクシング、ボクシングも好きです。あるいは、プライド、シュート、パンクラスなどにもいきます。

「一対一」の戦いで実力をいかにして発揮していくのか気にしながら、選手を観ていると、おもしろいものです。

■プロボクサーに学ぶ4つのコツ

青コーナーから、先に選手が登場します。

そして、上位の選手が赤コーナーから出るのですが、先にリングにあがった選手が共通して行なうことがあります。何だかわかりますか?

試合での緊張・アガリを抑えるのに有効なことをしています。

コツ1◆体を動かす

まず、歩き回ったり、軽くジャンプしたりして「体を動かす」選手がほとんどです。じっとしていますと、これは大人数でのスピーチも同じですが、緊張度は高くなっていくものです。

前に述べました「上虚下実」を覚えていますか？　みんな、ジャンプしたり、首肩を回したりして、上体に力が入りすぎないようにしています。

そしてもうひとつは、パンチの得意な選手はシャドーで、パンチを軽く振ります。蹴りが上手なら、蹴りを行なう。つまり、「自分の得意な技」を出して、いつもの慣れた動き、リラックスした自分を出そうとするのです。これは、パンチや蹴り技に限らないのはおわかりでしょう。

コツ2◆暗示をかける

これはチャンピオンでもそうですが、必ずといっていいくらいに、「ブツブツ……」と自分に暗示をかけるような言葉を口にしています。あたかも〝お経〟のようなものですが、自分の信仰に結びつけたりしますと、これは「心の安定」ということでとても有効です。

昔なら、巨人の桑田投手がよく行なっていたのを記憶しているでしょう。

コツ3◆黙想する

一瞬ですが、両目を閉じて〝黙想〟する選手も多くいます。これも「アガリ防止」に役立ちます。目を閉じることは、外部情報のシャットアウトになり、集中力が高まります。「試合に勝つ」ということに気持ちを集中させるわけです。

コツ4◆呼吸のコントロール

そして最後に、〝呼吸〟のコントロールです。すでにご紹介した、ヒクソン・グレイシー選手を思い出してください。

柔術のエクスパートであるヒクソン選手は、トレーニングの中にヨガを取り入れていました。ブレス・オブ・ファイアーという吸う息・吐く息ともに一秒くらいの激しいフイゴのような呼吸を、試合前に行なってモチベーションをあげていたのです。

彼に限らず、試合前に大きく深呼吸したり、目を閉じて呼吸を整えたりしている選手は多く、呼吸のコントロールはアガリ防止に大きな力になってくれます。

ここではたまたま、格闘技の試合をサンプルとしましたが、他の試合でもまったく同じことがいえます。

3 「会議」でアガってしまう

せっかくのいいアイデアがあっても、会議で発言できないために、他の人に「奪われ」てしまい、社内評価があがらないというのでは、あなたの力は認められません。あなたの評価をあげ、アガらずに堂々と主張できる態度・自信で、自分をも満足させたいものです。

■論理的に話す3つのコツ

アガリに共通していますのは、「失敗したくない」心理です。「何をあいつはバカなことといっているんだ」と笑われるのはイヤでしょう。

「あいつはなかなかいいことをいう」「頭のいい奴だね」「大したものだ」と評価をあげるには、まず〝話法〟をしっかりと用いて、話の構成を立てて、論理的でなおかつパワフルな表現をしていくことです。これはプレゼンでもまったく同様です。

私がおすすめするのは次の3つのやり方です。**これらを意識的に行なうことをくり返しますと、やがては本当に「会議が楽しく」なってくるものです。**

コツ1◆理由を常にいう（「なぜならば……」）

会議でただの意見として発言しますと、「だから何なの？」「それがどうしたの？」などという周囲の冷たい視線を浴び、ますますアガってしまうことになります。

受け入れられるかどうかは別として、「なぜなら○○という理由があるからです」「そうすれば△△△という結果になるからなのです」「結果として×××になるので、こう思いました」というように理由づけをしておきますと、発言そのものに説得力が増すのです。

コツ2◆ポイントを3つにしぼる

やや長い発言でしたら、必ず、「3つのポイントについて話します」「大切な点、3つお話しします」と3つにしぼりこんで話をしてください。話がまとまって、話をしやすいメリットがあります。

また、周囲には「頭のいい人」「よく整理しているな」と好印象を与えることができます。

コツ3◆賛成か反対か、立場を明確にする

それから相手の発言を受けるときには、はじめに「賛成か」「反対か」という立場を明ら

かにしておきましょう。このあたりをはっきりしないで話していきますと、「いったいどっちなんだ」「はっきりしない奴」というマイナスイメージが強化されてしまいます。そのムードを感じとって、ますますアガるということになりかねません。

これらに加えて、いつもの慣れた〝場所〟は、安心できますから、**会議場には早目にいって「いつもの場所」を確保しておくことも忘れないようにしましょう。**時間ギリギリにいって、席がないので一番前とか、偉い人の隣となりますと、さらにアガリは助長されますから、それは避けたいことです。

会議前に「堂々と発言している自分」をイメージしたり、軽く呼吸を整えておくようなことも行なってみましょう。

なお、スピーチ、プレゼン、説得力について詳しく知りたい方は、『話ベタを7日間で克服する本』『説得力を7日間で鍛える本』（ともに同文舘出版）を参考にしてください。

4 「デート」でアガってしまう

異性の前でアガることはありませんか？

基本的には対人関係で「よく思われたい」というのは、どうしてもアガリを招きます。といっても、それは必ずしも悪いことばかりではありません。

人は「よく思われたい」ということがモチベーションを高め、「理想の自分」に向けて、外面も内面も磨きをかけていくのですから。

■好感を誘う3つのテクニック

これはデートに限りませんが、アガってしまうことのマイナスは、アガリによって、「思っていることの半分も伝わらない」「本来もっている実力が発揮できない」「本当の自分が伝わらず誤解されてしまう」などということです。

もしも必要以上のアガリでなかったら、そのレベルまでさげることができたら、それは「緊張感」ということで、むしろ好意のもとだと思ってください。

仮にあなたが彼女とデートしていて、すべてに堂々としていて、何の恥じらいもなく、声高に自分のことばかり主張していたらどうでしょう？

「この人はちょっと緊張しているのかな」「デートにも、あまり慣れていないのかな」というくらいで、よいのではありませんか。

では、どうしたら極度のアガリから、軽い〝緊張〟くらいのレベルにできるでしょうか？

私の知人に、20代前半の男性がいます。あるコンサルタント会社で営業をしているのですが、極度のアガリ症です。その彼が、「松本先生、今度デートがあるのですが、何とかアガらずに彼女とうまくいく方法はないでしょうか？」といわれました。去年の6月くらいのことでした。

私のアドバイスは、「リハーサルをする」でした。つまり、一人で下見をしておくことをすすめました。もともとアガリ症なのに、はじめての場所にばかりいってはますますアガリます。

彼は驚くことに3回も、デート前に一人でコースを回りました。横浜の中華街やランドマークタワー――。近くで散歩しようと決めたコースも、何とストップウオッチではかって試しに歩くほどの徹底ぶりでした。

デートの翌日、彼からはアガらずに上手にデートできたとの報告のメールが入ってきました。

ここまでやらずとも、**「リハーサル」ならぬ「デートスポットやコースの下見」は欠かせないことです**。そのうえで、次の3点も行なってみましょう。

テクニック1◆ミラーリング

親しい男女をボディランゲージから調べた研究があります。すると、仲のよいカップルは知らないうちに、同じような動作をあたかも鏡のように行なっているのがわかりました。「彼が体を反らすと、彼女も反らす」「彼女がコーヒーカップに手を伸ばすと、彼も伸ばす」というように、〝同調行動〟と名づけられたアクションをするのです。

アガる人は、「アガっている」ことに集中して、意識を向けすぎてしまう傾向がありま す。そこで、彼・彼女の動作に集中してみましょう。そして、相手の動作をさり気なくマネしてみるのです。

「親しい→動作が似る」というのを逆手にとって、「動作を似させる→親しい」とするわけです。ミラーリングに集中しますと、アガリのことはどこかにいってしまいます。

テクニック2◆聴き役に徹してみる

アガリ症の人が恐れるのは、対人の場面では沈黙です。会話していて何かの間でシーンとしてしまうと、それを「自分」のせいだと思って、何か変なことを口走り、またそのために「変に思われたのではないか」「いわなければよかった」と悩み、さらにアガってしまうわけです。

むしろ、デート中では相手の話す時間を多くするように「聴き役」になりましょう。

あなたは、自分のことばかりしゃべり続ける人が好きですか？　それとも、あなたのことに興味を示して、よく話を聴いてくれる人に好意をもつでしょうか？　相手も同じなのです。また、しゃべるほうが、一般的には聴くことよりもアガります。その点からも、よく聴くことを心がけてください。

テクニック3◆アガリから注意を他に向ける武器を用いる

写真、本、パンフレット、携帯電話、デジカメなど——。

彼女・彼氏と一対一で面と向かうとアガってしまう人は、そこから「間」をとれるような武器を用意しましょう。

たとえば、「この間、社員旅行でシンガポールにいったときの写真見る？　デジカメで撮ったから、このパソコンで見れるよ」と、パソコンを操作したり、画像をチェックしている間は、おそらくアガリはかなり軽くなっているでしょう。

あるいは、「これ、私のよく読んでた本なんだけど、あなた好きかしら……？」といって、彼氏に手渡して、彼が本を見ている間、あなたのアガリはぐっと軽くなります。

5 「買い物」でアガってしまう

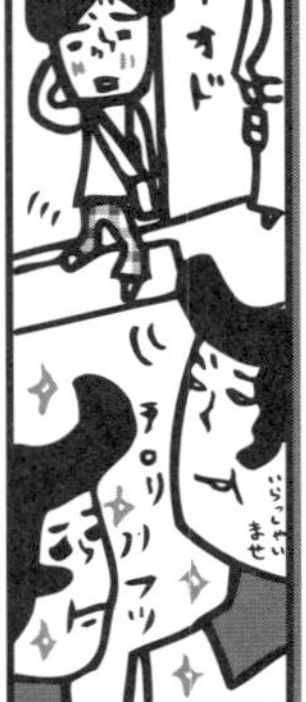

ブランドショップに入って、何となくアガってしまったような経験はありませんか？その原因は店の雰囲気とか、店員さんの応対も含めてですが、買い物でアガってしまうと、自分の好きな物が手に入らなかったり、買わなくてもよい品を買わされてしまったり、あまりよいことはないでしょう。

あなたは悪くない！

トレーニングのつもりで、**思いきって「ノー」ということを心がけてください**。それも、なるべく大きな声を出して「結構です」と。

私は営業マン教育をしますが、その中にはセールストークだけでなくて、「人間心理」を学ぶ項目もあります。その中で、人の「なわばり」（ボディゾーン）というポイントを教えます。

手の届く距離つまり30～45センチくらいは、余程親しくないと人は警戒してしまい心を開きません。1メートルくらいが、この「心理的ななわばり」の限界で、これより先にあまり急に入るのはよくないのです。

ところが、かなり〝高級〟で名が通ったような店でも、ときとしてこの辺の教育がなされていません。平気で「何をお探しですか?」「何かありましたら……」などと近づいてくるのです。

じつは、これはお客さんをお店から遠ざけるアクションなのです。じつは、あなたの不快感や、買い物でのアガリの原因は、こんなところにあったりします。ですから、この距離にいきなり店員がきたら、「もう少し一人で見させてください」とか、「今、探しているところですから」とでもいって、急に自分のなわばりの中に入らせない工夫も必要です。

自分の意見もしっかりと主張してください。アガりやすいのなら、予算を口にするのも有効です。もし店員が「こちらはいかがでしょう」と高い商品を見せたなら、「予算が3万円台なので、2~3万円台のものを見せていただけますか?」と思いきっていってみましょう。

ただ「他のもの」というよりも、予算を口にすることによって相手も対応しやすいですし、**アガらずに自分を主張するには「事実を伝える」ことが鉄則です。**

もしもアガリの原因が店の雰囲気にあるのなら、〝高級〟〝一流〟とされるような店にどんどん出かけていきましょう。

私も若い時期に、思いきって彼女を〝一流〟とされるレストランに連れていきました。といっても、はじめてで何もわからずに、かなりアガっていました。その彼女には結局フラれてしまったのですが、おもしろいもので新しい彼女を「同じ店」に連れていったら、ほとんどアガらなくなっていたのに驚きました。店の雰囲気に慣れたのです。一度目から2ヵ月も経っていないのですから、私がそのとき急に人間的に成長してアガらなくなったのでもありません。

単純に「慣れてくると、アガらなくなる」ということなのです。

アガリを防ぐ質問

細かなテクニックでは、「店員に質問してみる」こと、さらにできる人は「店員に話しかける」ことをしてみてください。

質問の中身は本当に何でもないこと、気づいたことをいうだけです。すると、結構熱心に話してくれる店員さんがいたりして、アガリのことなど忘れてしまうことも多いのです。

何を質問するかというと、おもにお店や商品についてです。これは、店員も仕事ですので、答えてくれます。そして、質問で少し慣れてきたら、「話しかける」ということも行なってみてください。

たとえば、「ずいぶん焼けてますが、何かスポーツやっているんですか？」とか、「入り口にシクラメンが飾ってありましたけど、花がお好きなんですか？」という風に。

話法としては、「事実＋相手のこと」という形のものを多く用いています。事実のみですと「はい」で終わってしまい会話がはずみませんので、必ず相手自身に結びつけて行ないます。

あるいは、私は仕事柄、タクシーでの移動が多くありますが、10分以上乗っていて、その運転手の出身地・趣味・悩み事・家族構成などがわからなかったことは、ここ5～6年の間に一回もありません。

その理由は、質問して、話しかけて、コミュニケーションをとっているからです。人はみな、自分のことを話したいし、知ってもらいたがっています。相手のことがテーマになったら、いつの間にか、自分のアガリはどこかに消えてしまいます。

最近も、「じつは私は写真クラブに入っていましてね、これがその写真です」と見せられたり、「僕もサーフィンをやってましてね、千葉にいってます。平日はすいているんですよ」という話もありました。

コミュニケーションがうまくいって、相手の話をどんどん引き出させますと、自分がアガることなどは、まったく心に浮かばなくなります。

6 「面接」でアガってしまう

面接でアガるのは、たとえば入社でも入学でも「もしもここで落ちたらどうしよう」という不安があるからでしょう。

また、「どうしても受からなくては大変なことになる」という思いが強くありますと、これはプレッシャーとなって、ときとしてマイナスに働いてしまうのです。

■プレッシャーを軽くする5つのテクニック

心理的なテクニックとしては、まずプレッシャーそのものを軽くしておくことです。

そのうえで、「もし万一落ちたとしても、命までとられるわけではなし、またチャンスをつくるよ」と軽くとらえられる〝物の見方〟をするのです。

面接でのプレッシャーを軽くするために、心身両面のテクニックを紹介しておきますので、実力を発揮して、面接に見事合格してください。

もちろん、あえていうまでもありませんが、実力が十分あること、そのための努力をすることが土台にあったうえでのことです。

この5つを守り続けてみますと、面接でのアガリ度はほとんど気にならないくらいになるものです。

テクニック1◆面接官へのイメージを変える

一対一のコミュニケーションをとることからいくと、人前のスピーチで「聴衆をカボチャと思え」というのは失格でしょう。一人ひとりの人間に心をこめて話しかけねばならないからです。

ところが「アガリ」を克服したい人にとってみては、「人」と思うとアガってしまうのです。むしろ、「カボチャ」と思うくらいのつもりで接して、スピーチしたらよいわけです。

面接のときも同じです。「面接官」「担当官」と思って接してしまいますと、やはりアガってしまうはずです。そこで、面接をする人に対してのイメージを変えてしまいます。

今のように「カボチャ」にたとえてみたりして、今日の前にいる恐いかもしれない印象をもった面接官は、じつは大したことはない、というようにイメージしてみましょう。

もちろん、そのことで礼を失するようなことがあってはなりませんが、まず気分を軽くして接するようにするわけです。

もうひとつ、面接担当者に対するイメージを変えるやり方があります。これは、「人間」としてはイメージしますが、たとえば彼が奥さんに怒られてペコペコあやまっているような場面をイメージしたり、上司に怒鳴られたり、トイレをガマンしたり、というようなシーンを思い浮べてみてください。これも「緊張」を解くための一方法と思ってください。あくまでもイメージの中だけですが、面接をする人を極端におとしめてしまって、気分を軽くしてみましょう。

これだけでも、アガリは落ちついた感じに変わってくるでしょう。

テクニック2◆自分の振舞いのイメージを変える

これは、おもに面接する前に行なっておくものです。

すでに面接を上手に対応して成功させた自分——この自分の力強く堂々としたイメージを、できれば面接日が決まってから、毎晩くり返しておきます。

さらに、面接室に入る直前にも、うまくいっている自分をイメージします。

この場合も、「アガらないように」というのよりは、「堂々している」「力強い」「ハキハキしている」というような肯定的な表現をするように心がけてください。これは前にも述べた通りです。

面接官をイメージの中でさげて、自分の位置をイメージの中で高めていくことは、アガリ防止に役立つものです。

テクニック3◆アンカーリングを使う

船のいかり（アンカー）をおろすように、心の中にイメージを定めていくことを「アンカーリング」と呼んでいます。

たとえば、相手の喜ぶようなことをくり返しいい続けると、相手の心に「あいつがくると楽しい話をしてくれる」「あいつは楽しい」といったアンカーをしずめることになります。

これは自分に対しても用いることができます。

私は、小学校3年のとき、近所の友達3人と、近くのマンションのエレベーターで遊んでいました。各階を押して、一階ごとに停めるという遊びです。

すると、5、6回目でしょうか、突然エレベーターがとまり、中に子供3人はとじこめられました。中はまっ暗になり、3人は泣き叫び、10分後くらいで助け出されました。

それ以来、エレベーターの〝恐怖症〟になってしまいました。とにかくエレベーターに乗ると、閉じこめられるのではないか、という恐怖感が出てくるのです。これは、よく考えると、アガリと構造は同じなのです。

人前で大恥をかいて以来、とにかくスピーチをすると恐怖感があり、アガるのと同じです。この恥をかいた、エレベーターに閉じこめられたというような心理的な外傷・トラウマをぬぐい去るのがアンカーリングなのです。

エレベーター恐怖症なら、エレベーターにあえて多く乗るようにして、イヤだという恐れが出そうになったときに強く心にインプットするのです。「あぁ楽しいな」「エレベーターはおもしろいね」ということを、瞬間的に強くイメージします。

私はあたかも、心の中にアンカーがゆっくりとしずんでいって、しっかりと定着するまで、これをくり返しました。これは他の恐怖症、アガリでもまったく同じです。

「アガりそうだ」という瞬間に、心の中で短く「楽しい」「嬉しい」「いいなぁ」ということを強く感じます。今までの体験でリラックスできて、楽しかったイメージを浮かべるのです。これを、面接の中で「アガりそう」と思ったときに行なってみてください。

テクニック4◆3つの〝調〟を整える

これは、前述したような「調息・調身・調心」ということです。

呼吸を、吐く息が深く長くなるような形で深呼吸します。くり返して、心を落ち着くまで行ないます。

身体の面では、これも前述の「上虚下実」になるように、ジャンプ・柔軟・上体をストレッチさせることなどをくり返します。背筋は伸ばすのがコツです。

呼吸と身体の調子が整ってきましたら、あとは「この面接は必ずうまくいく」と唱えたり、「面接は楽しい」とくり返し口にしたり、イメージしたりして、心を安定させるように努めましょう。

テクニック5◆第一印象をまず全力でよくする

面接時にも他に目標・目的をもって、アガリに意識を集中させない工夫をしましょう。

面接のときには、とにかく「第一印象をよくしよう」と心がけます。アガリではなくて、「何とか印象をよくしよう」ということに意識を集中させるのです。

はじめの印象がよくないと、あとでとり戻すのは大変なことですが、そうなったときの相手の目つき・対応があなたをアガらせてしまうのです。

早目によい印象を与えましょう。

7 「試験」でアガってしまう

試験では次の3つを徹底します。

■ポイントは3つ

ひとつずつ見ていきましょう。

ポイント1◆グッズ

これは2つあります。

ひとつは、いつも使い慣れている筆記用具や筆箱などのグッズを用いるということ。

もうひとつは、次のおまじないにもかかわりますが、「運」を招くような、あるいはそう信じられるようなグッズを会場にもっていくのです。身近に置いておくと、落ち着くような小物といってよいでしょう。これは、人によって異なります。

試験場というのは「一人」で戦わなくてはいけないのですが、そこには助っ人がいたほうが心も落ち着きますし、アガリも少ないはずです。といっても〝人〟は連れていけませんから、その代わりのグッズなのだと思ってください。心のサポート役が、あなたのもっていくグッズなのです。

避けたいのは、大切なテストだからと、新しい物をそろえたり、普段使いなれない物をもっていくことでです。また、グッズの意味を拡げて考えますと、慣れない服・靴・鞄など、すべてよくないといえましょう。アガリ防止には「いつも通り」が一番なのです。

ポイント2◆おまじない

ちょっとした小物でも、心が安まるとか、力が加わった気がすることがあります。私は、子供から誕生日プレゼントにもらったボールペンがありますと、何となくホッとします。あなたにも、「これがないとダメ＝これさえあればいい」という小物はありませんか？

また、ちょっとしたアクション・言葉も、アガリを防いでくれるのは先にも述べた通りです。「手の平に人をいう字を書いて飲みこむ」ような、何か小さなアクションを見つけましょう。自分でつくり出してもいいのです。

これは慣れますと、手の平をこすりあわせるとか、拳を握るとか、伸びをするというようなアクションをして、「これを行なうと必ずアガらずに堂々とできる」というような、自己暗示をかけられるようになってきます。

言葉は短いもので結構です。「よし」とか、「力が出せる」といったことでもいいのです。

私は大一番の前ですと、中村天風氏の創った〝力の誦句〟というものを唱えます。

「私は力だ、力の結晶だ、何ものにも打ち克つ力の結晶だ……」というポジティブな言葉をくり返して唱えていきますと、それだけでも自信が湧いてくる気がするからおもしろいものです。

沖縄でこの中村天風氏をテーマに講演したときに、担当者の方が、営業マン時代にこの「力の誦句」を唱えて、やる気を向上させたと話をしていました。言葉の力をもっと活用したいものです。

ポイント3◆リハーサル

理想としては、本番とまったく同じ設定でリハーサルができたら、それに越したことはありません。しかし、現実には会場に本番と同じ時間にいくことはとても難しいでしょう。せめて、本番と同じ「時間帯」に頭がフル回転するようにペースを調整していきましょう。

仮に試験時間が9時開始なのに、浪人中はその時間は眠っていて、本番だけ早起きしようとしても、なかなかつらいものです。

常に試験の時間に能力のピークがくるように、勉強も「リハーサル」のつもりで行なうことです。また、勉強場所も、会場に合わせたほうがいいでしょう。いつもソファーやベッドに寝ころんでやっていたなら、それは「リハーサル」としてよくありません。会場の椅子が堅くて木製なら、試験の前にはそれに合わせた堅い椅子に慣らしておきましょう。

そして、会場そのものでできないのなら、リハーサルはあなたのイメージの中で、「本当の会場にいるつもり」を味わうようにしましょう。そこで、あなたは全力を十分に出しきっていることを心の中に、鮮やかにイメージしていきましょう。

アガっていないかどうかのバロメーターとしては、「周囲に目がいくかどうか」ということがあります。

私の研修では、5分を越えるスピーチでは、「1分」「2分」というタイムカードを、スピーチしている人の目に入るように、後方で高くかかげています。

しかし、ほとんどの人は話に夢中で、この時間経過のタイムカードが目に入りません。逆にいいますと、アガらずに落ち着いている人なら、よく見えるのです。

いきなり試験問題に取り組むのではなくて、周囲がしっかり見えているかどうか、確認しましょう。周囲がよく観察できるくらいなら、あなたはアガっていません。

7日目

「人生の目標」をもてば、アガらない人になれる！

序

人生の目標とアガリの関係

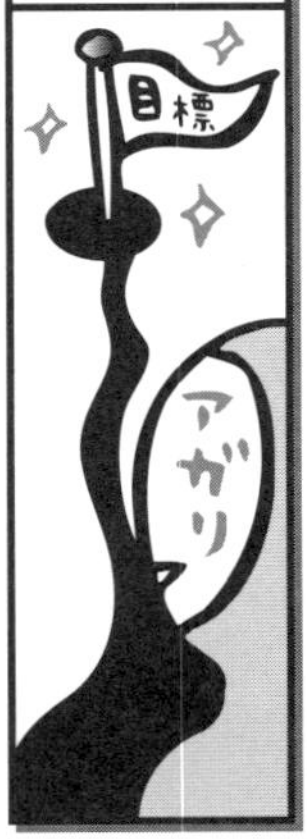

あなたには、大きな人生の目標がありますか？

アメリカのミシシッピ大学の調査では、卒業生を20年に渡って調べ、次のことがわかりました。

【ミシシッピ大学の卒業生の20年後】

①飛び抜けて豊かな生活を送っている…3％
②余裕のある生活を送っている…………10％
③生計をやっと維持している…………60％
④何らかの援助を必要としている………22％

日本でも、上位グループはだいたい5％以内というデータもあります。

もちろんこの「豊かな生活」というのは、経済面のみならず、たとえば社会奉仕的な活動とか、趣味・旅行というような「心の面」での充足感も含めてのことです。

さて、あなたはどのグループに所属したいでしょうか？　おそらく「3%」あるいは、謙虚な人なら「10%」となるでしょう。少なくとも、何らかの援助を必要とするグループには入りたくないはずです。

■人生目標の効用

では、どうしたら「3%グループ」に入れるのでしょうか？　知りたいと思いませんか？　では、ここでお伝えしましょう。じつは、はっきりとした理由があったのです。それは――。

【卒業生の特徴】
①3%の人々……具体的な目標があった
②10%の人々……漠然とした目標があった
③残りの人々……何の目標もなかった

今もしも何の目標もなかったとしたなら、下手をすると、「残りの人々」の仲間入りをしてしまう可能性が高いのです。これを逆にいうと、もしもしっかりとした具体的な目標があったら、

「飛び抜けて豊かな」生活も現実化してくるのです。

アガリになんで人生目標がかかわってくるのか、不思議に思う人もいるでしょう。じつは、**「志」「夢」「目標」の類がありますと、「アガリなど気にならなくなる」「アガリなど大したことではない」と思えるようになってくるのです。**

たとえば、明治維新の志士を思ってください。彼らは、仮にアガリ症の人がいても、アガリを気にしていたでしょうか？

「自分は人前でアガるから」というのは、彼らにとっては優先度のずっと低いことでしょう。「日本の国を変えていこう」という大義・志の前にはあまりにも小さなことになってしまうと思いませんか？

これは、維新の志士だけではありません。たとえば、自社の製品を世界中にという大望のある経営者はいるでしょう。仮にビル・ゲイツが自分の夢を語り、社員に行動を促そうとするときに「アガリで困る」などというでしょうか？　**たとえロベタであったとしても、ロマンを語り、ミッション・社会的な意義などを訴えかけるという「大きな目的」があったら、アガリなどは二の次、三の次になってしまうのです。**

これは、私たちがプライベートで、ビジネスで、能力を発揮するためにアガリを克服していくことにも通じます。

以前に、プレゼンテーションの個別指導をしたことがあります。ここでは、社長と副社長が、自社を何とか上場にもっていくために、証券取引所審査部の方々の前でプレゼンするということでした。事前にプレゼン能力を磨くための、特訓を行なったのです。

しかし、私はプレゼンのスキルそのものは2、3割にとどめて、「大義名分」「使命」を必ずプレゼンの中に盛りこむことを強調しました。

もちろん、数字やグラフを多用し、話の構成を考え、アイコンタクトやジェスチュアもトレーニングしました。さらに、質疑応答のリハーサルも十分に徹底したのです。

しかし、私はOKを出さずに、「『世界中の××には私ども○○の部品を』というのが夢です」といったロマンも、プレゼンの中で何回もくり返すことをアドバイスしたのです。

信念・志・夢・目標といったことを切々と訴えかけるスピーチなら、アガっていてもいなくても、まったく関係ありません。「アガリなんて自分には関係のないこと」「アガっていてもいなくても、自分の夢の実現のためには大したことではない」——そう思えるようになるために、「人生目標」を考えてみましょう。

1 人生の目標って？

それでは、アガリなど関係なくなってしまうような重要な人生目標とは、どんなものでしょうか？　私は、**目標に到達していないあいまいなものを「願望」と呼んでいます。**

■願望は目標ではない！

ただの願望というのは、たとえば、「英語がうまくなりたい」「金持ちになりたい」「いい家に住みたい」という類のもので、これはじつは誰にでもあるものです。

先のミシシッピ大学の調査の「残りの人々」もこの手の願望は全員がもっていたはずです。

ここでいう「目標」というのは、次のことを満たしていなくてはなりません。

【目標の基本条件】
①期限が入っている。
②具体的な中身がある。

③目に見える形にしてある。

これらがあってはじめて、「飛び抜けて豊かな」生活の3％に入ることが可能になります。

ただし、一人一人〝価値観〟が異なりますので、「金持ちになる」というのが至上の方もいれば、「ボランティア活動」「マザーテレサのようになる」という人もいるのです。「自分にとって価値あること」を探っていきましょう。

たとえば、「2年以内に、TOEICのテストで850点以上をとる」ということを紙に書いたり、アウトルックで見えるような形にしておくことによって、それははじめて目標になります。ただ、「英語がうまくなりたい」ではダメなのです。

あるいは、「10年以内に、会社設立資金として2000万貯める」というのでないと、ただ「お金が欲しい」という願望になってしまいます。

さらに次の条件を加えることができると、より一層目標は堅固なものになるでしょう。

【目標の追加条件】

①難易度
②長期的

つまり、**ある程度挑戦しがいのあるものでないと、それは目標になりません。また、あまりに短期的なものも、通常、目標とはいわないのです。**

ですから、「来週の日曜に東京ディズニーシーにいく」というのは目標になりません。これではやさしすぎますし、近すぎるからです。これが、「3年以内にノルウェーのオーロラを見にいく」となってくると、人によっては目標となるはずです。

本書は目標設定がテーマではありませんから、これ以上触れませんが、大事なことは、目標を鮮明なものとして、「アガリなんて自分には何でもない」と思えるようにすることです。

そうすると、おもしろいものでアガらなくなってきます。つまり、「大きな人生目標のある人でアガリに悩む人はいない」ということです。そんな暇はないのです。アガリに悩んでいる労力も惜しくなってきますから。

それに、**志・大きな目標があると、物事への集中力が変わってきます。**

たとえば、ただ「勉強しよう」というのと、「国立に受かる」と思って勉強するのとではその集中の度合いが変わるでしょう。しかも、「目標」となると志望校をはっきりとさせて、期限をもついてきますから、その必死さが強みとなります。

試験に受かるかどうかでなくて、**目標があると真剣になり、集中度が増すので、アガリに陥っている暇はないのです。**

2 目標を鮮明にする

とはいえ、人生の目標の大切さがわかったからといって、直ちに「はい、アガらないように目標をもちます」という具合にはならないでしょう。私が行なっている「時間活用」のセミナーには「目標設定」の項目があるのですが、じつは鮮明な目標のない人がほとんどなのです。

つまり、多くの人が「願望」はもっていても、それが「目標」にまではなっていないのです。

■目標設定の3つのテクニック

そこで、**誰でも目標をもてるようになるために、3つのテクニックをご紹介しておきます。**

ただし、ここでの目的は、目標を立てることそのものというよりも、そのことでアガリを克服していくことにあることを忘れないでください。

テクニック1◆制約をすべて取り去る

いきなり「具体的に」「期限を入れて」といわれても、目標そのものがはっきりしていないと、どうしていいのかわからないものです。

そこで、まずすべての制限・制約がなかったとして、「いったい何が欲しいのか」「何になりたいのか」「どんな人生が望みなのか」を書いてみましょう。

制限・制約というのは、今はおそらく仕事があったり、勉強していたり、家庭があったり「時間」が思うようにならないかもしれません。

あるいは「お金」の制約もあるでしょう。また、ピアノを習ったことのない人がピアノのリサイタルをしたり、野球をやったことのない人がプロ野球選手には急になれないでしょう。つまり、「能力」「年齢」といった制約もあります。

これらの制約をすべて取り去ってしまうと、はたしてあなたの夢は何なのでしょう？　つまり、好きなことがいくらでもできる時間も、お金も、能力もすべて十分にあるのだと心の中で想定します。さて、何が欲しいでしょう？　どうなりたいですか？

たとえば、球団のオーナーになりたいとか、宇宙旅行したいとか、コンサートを開くとか、会社を起こすとか……。子供のころの夢も出てくるかもしれません。

パイロットになりたかったでしょうか？　すばらしいパートナーを見つけることでしたか？　外国に移住するとか、ノーベル賞をとるとか……。

これを書き出していくだけでも、とても楽しい作業になります。この「夢を書き出す」

ということによって、自分の本音や、進むべき方向、本当に欲しかった物、なりたかったことなど、一歩目標に近づくことができます。そして、次のステップになります。

テクニック2◆カミナリ療法

この方法は、時間管理のコンサルタントであるアラン・ラーキンの提唱した方法です。先に、「何の制約もない」ということで、夢を描きました。次は、極限の制約を設けます。といっても、もちろん心の中で行なう、心理的なものです。

それは、あなたが2週間後に道を歩いていて、突然カミナリにうたれてしまい「命を失なう」という仮定・制約です。つまり、もしもあなたの人生の持ち時間があと2週間しかないとしたら、さて、何をしますか？　誰に会いたいですか？

これは、普通あまり考えないことでしょう。

じつは「人生目標」というのは、特別な人生の節目以外では、私たちはあまり日常的に意識しません。入学・卒業・結婚・就職・子供の誕生・親の死などといったときに改めて、「自分の人生」「子供の人生」などを思うものなのです。

そのような意識を、2週間後に「カミナリにうたれる」という特殊な時間の制約を設けることで、あえて表面に出すようにするわけです。

これは、私たちの「価値観」（人生において何を大切に思っているか）を知るためのテストにもなります。中には、「使えるだけのお金を使って、やりたいことをやってしまう」という、欲望充足型の人もいます。

思いの他多いのは、「いつもと変わらない生活を家族と行なう」ということです。自分のいつもの生活、何気ない一日が大切なのだという人です。

あるいは、身辺整理をするとか、学生時代の友人に会うとか、中には有名人に会いたいという人も研修ではいました。最近では、「もし、そういう状況なら、ヒルトン姉妹に会っておきたい」という人もいます。

さて、「2週間」の人生を考えたとして、その中にはじつは「今」できることも入っています。それは、先延ばしにせずに行なっておくことで、人生は豊かになるはずです。

あなたは何をしますか？　誰に会いたいでしょうか？

テクニック3◆5年後のイメージング

5年後のあなたは、どうなっているでしょうか？

このあたりの「人生目標」は、目標があるとアガらない人になれる、ということで説明していることは忘れないでください。

さて、制約をとり、2週間の時間の制約を設けることによって、かなり「人生目標」がはっきりしてきたことでしょう。このゴールの目安がありませんと、ただ「目標をもて」といいましても、何をどうしていいのかわからないものです。

3番目には「5年後の理想とするあなた」をイメージして欲しいのです。まず、今のあなたの年齢に5才加えてみましょう。どんな自分がイメージできますか？　仕事・家庭・経済状態は？　財産・趣味・健康は、どうですか？

人生には、次のようないくつもの重要な領域があります。

《人生における大切な領域》

①仕事面
②経済面
③家庭面
④健康面
⑤自己啓発面

5年後の自分をイメージするにあたっては、このような各領域について、それぞれの目標があったほうがよりよい人生になります。

仕事がうまくいっても、家庭が不和ではいい人生になりません。仕事も家庭もうまくいっても、病気がちではいい人生にならないでしょう。

私は20代のころに、「人生目標」のセミナーを受け、先のような領域ごとに人生目標を設定していくようにと教わりました。その中では、人はトータルに、全人格的な成長が欠かせないとも説いていました。

そして私は実際に、子供2人とか、○○社から文庫を出すとか、細かく書き記していたのです。そのときに、私は独身で、本も出版していない状態でしたが、やがて20年が経ってみますと、70~80%は書いたことが現実化しています。おもしろいものです。

2つの大切なポイント

大切なことは、**「目標をもつこと」**と**「書いておくこと」**の2つです。頭の中で思い描くだけでは不十分です。しっかりと目に見える形にしておくことが大切なことです。

英語のことわざに、「Out of sight, Out of mind」とあります。一般的には「去る者は日々にうとし」と訳されますが、直訳的には「目に見えないものは忘れていく」ということでしょう。

目標を人生の重要な契機で、「5年後」を想定して、イメージしておきましょう。

3 モシジの原則

人生目標の達成についても考える必要があります。つまり、目標を立てただけでは、そのまま実現しないのです。

目標を書いておくこと・目に見える形にしておくことは、「アガらない自分」になるのにも有効です。つまり、目標を見ることによって、「よし、がんばらなくてはいけない」とモチベーションは高まります。また、それが自信や勇気のもとにもなるので、**「アガリなどに負けていられない」**という強い自分をつくっていくことにも通じるのです。

目標を立てたら？

目標を立てることは、おそらくこれから時間をかけさえすればできるでしょう。先のテクニックを用いて、休みの日でも時間をとって思いつくままに書き出せばいいのです。

しかし、そこで終わらせてはいけません。**それを実現するために、どのような方法があるのか、いくつも手段を考えていってください。**

仮にわかりやすく「富士山に登頂する」を目標とします。

この実現のためには、いくつもの手段があるでしょう。ここでは、それが可能かどうかは別として、いくつもあげてみるわけです。

たとえば、「ヘリコプターでいく」「5合目まで車で、あとは歩く」「ジェット機でいく」など。あるいは、登頂のコースも、右左・表裏など、実際に道があるかどうかは別として、無数にあるものです。

このような目標実現のための手段を常に考えていくのです。

そして、それを実行します。ひとつがダメでも第二、さらに第三、第四と、実現するまであきらめずに実行するのみです。

この「目標→手段→実行」の頭文字をとって、「モシジの原則」としています。

もちろん、手段を考えて実行していく中で、時々「修正」の必要になることがあります。ミサイルが微修正しながら目標物に近づくのと同じです。

たとえば、ダイエットのため、毎日腹筋50回を目標達成の「手段」のひとつとしたとしましょう。ところが、何日か行なうと、「50回はきついな、30回でいこうか」というように修正するわけです。逆に、増やすこともあるでしょうし、実行していく中で、変更を加えていってください。

4 すぐにやる習慣をつくる

これは大きな目標に限りませんが、私たちは物事を実行していくにあたって「先延ばし」にする傾向があります。私も、「そのうちやろう」と思ったものの、先に延ばしてしまうようなことがあります。

■そのうち、そのうち、どこのうち？

おわかりのように、**先延ばし癖をつけてしまうと、なかなか実行しないために、必ずあとで苦労することになります。**「わかっちゃいるけど、やめられない」ならぬ「わかってはいるけど、できない」では困るわけです。

これは本書の「実行」においても同様です。これを実行したら「アガらない」のはわかっても、本を読んだだけではアガらなくはならないのはおわかりでしょう。実行しなくてはいけないのに、あと回しにしてしまうのは避けたいことです。では、何かよい方法はあるでしょうか？

「そのうち、そのうち、どこのうち？」とか、「そのうち病」などという言葉もあるくらいに、私たちはやらなくてはいけないのに伸ばしがちです。

「トイレはきれいにしたいけど、そうじは面倒くさい」というのと同じです。しかし、本当にアガリを克服するのなら、すぐに実行したいものです。

■すぐにやる習慣づくりのための5つのヒント

「すぐにやる」という習慣づくりのために、5つのヒントを差しあげましょう。

これはアガリ克服法の実行のみならず、ビジネスでも、プライベートでも、いつでも活用できるものです。次の5つの実践によって、「そのうち、そのうち……」と先に延ばしてしまう習慣から脱却できます。

ヒント1◆分断法

その昔、ジュリアス・シーザーが「敵の大軍が攻撃してきた」という部下の報告に対して、「Divide and Conquer」(分断して征服せよ)と語った故事があります。

たとえ何十万という敵の大軍でも、数千・数百というように分断してしまったら、楽に戦うことができます。

これは目標に置き換えて考えてみても同様なのです。

仮に、フランス語の基本となる３０００語覚える、となると「敵の大軍」と同じで、手にあまります。覚えようという気力が湧いてこないでしょう。

ところが、「一日に10語覚える」となると、相当気分が楽になるはずです。一度に３０００語というとプレッシャーになって、「そのうち覚えたらいいか」と先延ばしになってしまうのです。

そこで、細かく分断してしまうわけです。そうすると、英語で「Time holes」という「時間の穴」（コマギレの小時間）にその分断したことを行なうのも可能です。

ちょっと人から待たされた時間、思わぬ３分・５分というすきまの時間に行なうことが可能なくらいに、分断してしまうのです。

私も、本を書くときに、昔は出版社から「先生、１冊分の原稿用紙です」と渡されて、あまりの数百枚という多さに、〝箱〟のように感じて、「そのうちやろう」となりかけたことがあります。

このときに、この「分断法」を用いました。仕事に出かけるときに、家族から「今日の分」として、２～３枚の原稿用紙をもらいます。そして、あいた時間でその２枚・３枚という「分断した目標」を書いていき、10日で30枚、20日で60枚と書いていきますと、積み重ねの力でやがて１冊の本になります。

もちろん、「そのうち」でなくて、書く気分が乗ると、15枚・20枚と書けるときもありますから、やがては1冊になるのもそう遠くはないわけです。

大きな目標は「分断する」ことによって、心理的なプレッシャーも軽くなりますから、試してみてください。

ヒント2◆フットインザドア法

これは、たとえば飛び込みの営業マンですと、相手の扉を開けさせないとはじまりません。それと同じで、「そのうち」にしがちなことを、まずきっかけをつかむための手法が「フット・イン・ザ・ドア法」と呼ばれます。

やっかいなこと、重要なことだけれども労力のいることなど、私たちはどうしても先延ばしにしがちです。やらなくてはいけないのはわかっていても、まずとっかかりがつかめないのです。

昔、プロレスの鉄人といわれたチャンピオンでルーテーズという人がいました。あるとき、ジムでトレーニングしていると、新人レスラーが入ってきました。

そして、「ミスターテーズ、質問してもよろしいですか?」と近づいてきました。「じつは、私はレスラーになりたてですが、将来はテーズのような強いチャンピオンになりたいのです。ただ、トレーニングはつらいし、あまり好きでないので何か克服する方法はありますか？」と。

この新人レスラーに対して、このようなアドバイスがされました。「次にジムにきたら、腕立て伏せ20回、スクワット30回、これだけ行なって帰りなさい。あとは1週間続けてみなさい」と。

その練習量の少なさが新人レスラーには意外でしたが、「いいんです。とにかくやりなさい」というチャンピオンの言葉を信じて、新人はトレーニングジムに通いました。

1週間後、再びテーズに会った彼は、喜びの表情でいいます。「ありがとうございました。今ではトレーニングが好きになりました。本当に感謝しています」。

新人レスラーに欠けていたのは、イヤなトレーニング・つらいことをはじめる「きっけ」「はずみ」だったのです。

これを、楽々できるノルマに変えて、「とにかくやってみろ」とテーズは指導したわけです。いつもの10分の1以下の量ですから、すぐにできてしまいます。すると、せっかくジムにきたのだから、もう少しトレーニングしていこうか、となって、結局1時間、2時間と、気楽にはじめて続くことになります。

これは私たちでも同じです。「5分だけでいいからやってみよう」「1枚だけレポートを書こう」「3分だけジョギングを」というように、「はずみ」をつけるのです。すると、多くの場合それがきっかけとなって、思いのほか続けて行なえるものです。

ヒント3◆マイル・ストーン法

マラソンの選手は、42・195キロを一度に同じペースで走ろうとは考えません。いくつかに区切って、その区切りの中で目標とするタイムを決め、走り方を確認していくわけです。

このような区切りとなるしるしを、「マイル・ストーン」（一里塚）と呼びます。

これは、私たちの仕事や目標であっても同様です。すべてを均等にやろうとはしないで、節目節目にチェックポイントを設けてみましょう。

すると、仮に100まで到達したいのなら、いきなりハイペースで100にまでいきません。たとえば、前半ガンバルので40まではペースをあげる。次の60を20ずつに分けて、区切っていこう。あるいは、4・3・3という力の配分でいこうと事前に決めておくわけです。

このチェックポイントごとに、自分で自分に報奨を与えることもおすすめです。

報奨といっても、何も大げさなものではありません。たとえば、ちょっと好きな歌手の歌を聴くとか、コーヒーを飲むといった類のことです。

また、数字の入るものは、目安として数量化しておくのもよいでしょう。

「時間」のマイル・ストーンなら、はじめの1時間までに3つのプロジェクトのメンバー決めをする、次の1時間にリーダーを決める、次の1時間に……というように、マイル・ストーンごとに、目安となる数字を入れてみるのもよいことです。

ヒント4◆アイビーリーの優先順位づけ

ベツレヘムスチールという、アメリカの大手鉄鋼会社が倒産しそうになり、全社をあげて「会社再建」を行なおうとしたことがありました。

そのときに呼ばれたのが、「アイビーリー」という経営コンサルタントでした。

彼がアドバイスしたのは、前の日に次の日やるべきことを書き出すこと。それを重要順に優先順位をつけて、1から6まで書いて、次の日出社したら1から順に行なう、というたってシンプルなものでした。

「こんなことで再建が本当にできるのか?」と疑いをもった幹部たちでしたが、とにかく実行してみたところ、今までとは違ってとても効率的に仕事が出きることに気づきました。

会社に出てすぐに、何から仕事をしたらいいのかがあらかじめわかっています。友人とムダ話をしたり、コーヒーや新聞にいたずらにときをすごさなくなったのです。

そして、幹部は直ちに全社員に実行させて、見事にベツレヘムスチールは立ち直ったという実話があります。

しかも、仮に6つすべてを実行できなくても、上から順に重要なことは行なっていますから、心配いらないわけです。重要な仕事はカバーできているとわかれば、ストレスも軽くなり、心の面でもプラス効果があるわけです。

人によっては、何をやっていいのかわからない、何から手をつけたらいいのかわからないという場合もあるでしょう。あるいは、あれもこれも同様にやろうとして成果が出ないようなこともあります。

これは、あたかも皿まわしをしているかのような仕事のやり方です。

重要な仕事の順にあらかじめ優先順位をつけておくこと――。こんなことでも、先延ばしの「そのうち病」は防げるものなのです。

ヒント5◆目標視覚化

大きな目標ややっかいな仕事というのは、途中のプロセスを考えただけで、行動するのがイヤになったりしてしまうものです。

もちろんプロセス・途中の行動そのものを忘れてはならないのですが、あえて「結果の先取り」をイメージの中でしてしまうのです。

これは、じつは私たちが旅行にいくときなどに用いています。

たとえば、タイのプーケットに旅行にいきたいとします。すでにパンフレットを見ながら、そこに「目的地」の写真があるので、「いった気分」も少々味わえますし、これから「このホテルに泊まるんだ」「この海岸は、プライベートビーチになってて、楽しそう」と、夢をふくらませます。すでに「目的地にいく前」に視覚化されたものを目にするからです。

あるいは、「10年以内に家を建てる」という目標があったとしましょう。そのために、仕事に一生懸命に取り組んで、お金を貯めようとしても、ときにはイヤなこと・つらいことがあって落ちこむときもあるでしょう。そのままでは、かなり行動がはばまれて、目標が遠のいたりしかねません。しかし、欲しい家の写真が1枚手元にあれば、あなたの「やる気」は継続するし、落ちこみからの立ち直りも早いでしょう。

最終的な理想・目標を視覚化してみましょう。そして、いつでも見られるように手元に置いておくことは、「先延ばし」の習慣からあなたを解放してくれます。

5 小さな感動を重ねていく

アガリは、1回「失敗」しますと、「また失敗するのではないか」とますます悪循環になりがちです。そして、不思議なもので、再び失敗をくり返してしまいます。

■自分はやればできるんだ！

「失敗から学ぶ」というメリットもありますが、やはりよいのは「成功体験」の積み重ねなのです。感動しますと、人は自信をつけていくものです。それは、アガリとはまったく反対の心理状態だと思ってください。

たとえば、ボクシングの選手を育てるのが上手なトレーナーは、試合中は徹底して選手をほめますし、はじめのうちは「弱い相手」ばかりとやらせます。すると、ＫＯ勝ちを続けたりして、「自分は強い」という自信が生まれます。この自信が、やがてはチャンピオンに育っていくために欠かせないことなのです。

このような「成功体験」を積み重ねていくような工夫が、アガリには大きな力になってくれ

るのはおわかりでしょう。

ただ、「大きな成功」をいきなりして、くり返すのは結構難しいことです。アガリ症の人がいきなり「500人の前で堂々とスピーチ」というわけにはいきません。

そこで、「小さな成功」をあえて意識しましょう、それをくり返していくのです。

たとえば、朝礼で1分スピーチが堂々とできたらそれは「成功」です。

会議で一言でも、「手をあげること」で発言したなら、それも「成功」です。

街中で、人に道を尋ねることができれば、それも「成功」です。

自分が今までチャレンジできなかったことにチャレンジしたなら、それはもう「小さな成功」になります。「自分はやればできるんだ」という自信がもてたとき、あなたはアガリなど無縁な力強い自分になっていることでしょう。

人生目標ということでいったら、**いきなりの大目標でなくて、時間的には比較的短い、労力もかからないような「小目標」をまず立てて、ひとつひとつ実現させていくことをおすすめします。**それが自信を生み、やがてはアガらない強い自分をつくってくれるのです。

6 自信を深める

「人生目標・志」のような大きなものに向かっていると、アガリは小さなこととなり、結果として克服できます。ですから、この章では人生目標やその手段、また目標をはばむ心理的な壁の壊し方を伝えました。

■自信を深めるための3つのヒント

もうひとつ、アガリを根底から寄せつけない「体質」にしてくれるキーワードがあります。何だと思いますか？

それは「自信」です。これはじつは、私たちの日常と切り離せません。

自信のある人というのは、「自信のある時間」が一日のうちで長いので、それがいわば習慣になっています。アガリ症の人は「アガる習慣がある」と思ってください。そのような〝回路〟ができてしまっています。

間接的なやり方ですが、**自信のある人になればアガリはなくなっていきます。**そのためには、次のことを日常的に心がけましょう。自信を深めるヒントです。

ヒント1◆特技をもつこと

「人のできないことができる」「自分にはこのような突出した能力があるんだ」というのは大きな自信になります。また、その自信のある分野ではアガらないだけの習慣ができているはずです。

私もアガリ症がひどかったのですが、「人前でのスピーチは誰よりも効果的にできる」と自信をもてたら、もうアガることはなくなりました。これは「人前でのスピーチ」だけでなくて、将棋でもサッカーでも、人よりも抜きんでてできること・資格があれば、究極のアガリ克服法になるものです。

ヒント2◆趣味をもつこと

趣味に没頭しているとき、私たちはアガりとは異なる心理状態になります。楽しいですし、何も苦にならない、時間もあっという間にすぎてくれます。

そして、人から聞かれても、好きな分野ですといくらでも知識がありますから答えられます。「人よりも知っている」というのも、ある種の自信につながります。あなたも、何も知らない人に、「教えた」経験はありませんか。それは何ともくすぐったいような体験ですが、これも「自信」につながるものです。

ヒント3◆自信のあるふりをすること

「Motion（動き）はEmotion（感情）をつくる」というのは、心理学上の発見のひとつです。わかりやすいたとえとして、「悲しいから泣くのでなくて、泣くから悲しいのだ」ということがいわれます。

ここからいきますと、「自信がないから自信のない態度になるのでなくて、自信のない態度をしているから、本当に自信がなくなるのだ」ということになります。

自信のある人の態度を行ないましょう。胸を張って背すじを伸ばすと、なかなかアガることができなくなります。表情はスマイルで、堂々と話をしてみます。

自信のあるふりは、本当に私たちを自信ある心へと導いてくれるのです。

著者略歴

松本幸夫（まつもと　ゆきお）

東京都出身。経営者教育研究所、東京ヨガ道場インストラクターを経て、現在はヒューマンパワー研究所所長。コミュニケーション関係のセミナー開催で知られるインサイトラーニング㈱でも講師を勤める。スピーチ・プレゼン・交渉などの「コミュニケーション術」を中心に年間200回くらいの研修を行なっており、「人物論」にも定評がある。著書は、『中村天風に学ぶ』（総合法令出版）、『人間関係の基本が身につく本』『「能力開発」の基本が身につく本』（成美堂出版）、『プレゼンテーションの技術』（経林書房）、『志の論理』（日本教文社）、『話ベタを７日間で克服する本』（同文舘出版）など、60冊以上におよぶ。

アガリ症を７日間で克服する本

平成15年８月29日　初版発行
平成19年５月10日　12版発行

著　者　松　本　幸　夫
発行者　中　島　治　久

発行所　同文舘出版株式会社
東京都千代田区神田神保町1-41　〒101-0051
電話　営業03（3294）1801　編集03（3294）1803
振替　00100-8-42935　http://www.dobunkan.co.jp

印刷／製本：東洋経済印刷
ISBN4-495-56271-1
Printed in Japan 2003

DO
BOOKS